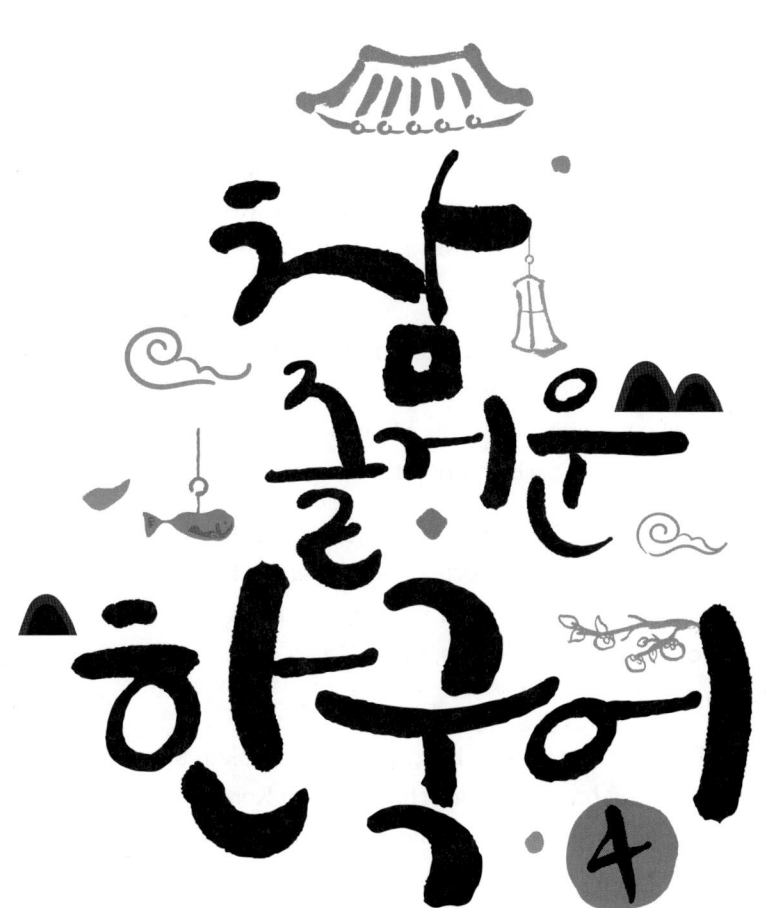

참 쉬운 한국어 4

워크북

Preface

As interest in the Korean language is surging thanks to the global Hallyu craze, the number of foreigners who want to learn Korean is ever increasing, and the purpose of learning Korean is also having more diverse aspects. In response to the need for a textbook that provides the easiest and the most accessible way to learn Korean able to be spoken in everyday life, we wrote this textbook, 'The Very Fun Korean Language'.

'The Very Fun Korean Language Workbook' is written to help you practice and review the contents you study in the textbook 'The Very Fun Korean Language'. It is designed to let you practice repeatedly the vocabularies and grammar points covered in each unit so that you can use them in your daily life.

In particular, the newly added exercises in 'The Very Fun Korean Language Workbook 4' allow learners to practice newly learned grammar through longer conversations rather than short ones, unlike the previous levels of the textbook. Learners will also be able to improve their everyday conversational skills through these exercises.

In addition, 'The Very Fun Korean Language Workbook 4' reinforces writing in each review section. The writing exercises easily often neglected by foreign learners of Korean language are supplemented with assignments of writing long texts on a topic, which will not only allow you to express your thoughts in Korean, but will also enable you to learn grammar and writing in an integrated manner.

Like this 'The Very Fun Korean Language Workbook 4' supports you to practice the grammar and expressions you have learnt in 'The Very Fun Korean Language 4', it also allows you to use them in various areas such as listening, speaking, and writing. We hope that this workbook will be useful to learners who are studying with 'The Very Fun Korean Language 4'.

Finally, I would like to thank everyone at Book Publishing Company Cham for their help in making this book possible.

Authors Young Eun Lee, Ji Yong Kim

머리말

　세계적인 한류 열풍으로 인해 한국어에 대한 관심이 높아지는 가운데 한국어를 배우고자 하는 외국인이 증가하고 있으며 한국어 학습의 목적 또한 다양해지고 있습니다. 이에 일상생활에서 사용할 수 있는 한국어를 가장 쉽고 부담 없이 배울 수 있는 교재의 필요성을 느껴 주교재인 「참 즐거운 한국어」를 집필하였습니다.

　「참 즐거운 한국어 워크북」은 주교재인 「참 즐거운 한국어」에서 학습한 내용을 연습하고 복습하는데 도움을 주기 위한 목적으로 집필하였습니다. 각 단원에서 학습한 어휘와 문법을 반복해서 연습하여 학습자들이 해당 어휘와 문법을 일상 생활에서 사용할 수 있게 하는 것이 「참 즐거운 한국어 워크북」의 목적입니다.

　특히 「참 즐거운 한국어 워크북 4」는 짧은 대화 속에서 배운 문법을 활용하는 연습을 한 교재와 달리 긴 대화 속에서 배운 문법을 활용하는 연습을 추가하였습니다. 이를 통하여 학습자들이 좀 더 일상 대화에 가까운 환경에서 배운 문법을 사용하여 대화하는 능력을 증진시킬 수 있게 하였습니다.

　또한 「참 즐거운 한국어 워크북 4」는 복습 단원을 통해 쓰기 학습을 강화하였습니다. 주제에 맞는 장문쓰기를 통해 한국어 학습자들이 소홀해지기 쉬운 글쓰기 연습을 할 수 있게 하였습니다. 주제에 맞게 자신의 생각을 글로 쓰는 연습을 통해 자신의 생각을 한국어로 표현할 수 있게 했으며, 배운 문법을 활용하여 글쓰기 하는 연습을 통해 여러 영역의 통합적 학습을 가능하게 하였습니다.

　「참 즐거운 한국어 워크북 4」를 통해 한국어 학습자들이 교재에서 배운 문법과 표현을 재미있게 연습할 수 있을 뿐만 아니라, 듣기와 말하기 쓰기 영역 등 다양한 영역에서 활용이 가능하게 하였습니다. 「참 즐거운 한국어 워크북 4」를 잘 활용하여 한국어를 공부하는 학습자들에게 도움이 되기를 바랍니다.

　마지막으로 「참 즐거운 한국어」가 출간되기까지 많은 도움을 주신 '도서출판 참'의 모든 분들께 감사드립니다.

저자 **이영은, 김지용**

목차
CONTENTS

1. 한글날은 한글이 만들어진 것을 기념하는 날이야 ... 6
2. 고향에 가는 대신 일을 할 거예요 ... 8
3. 오늘 날씨가 좋잖아요 ... 10
4. 라면이라도 먹어야겠어요 ... 12
5. 힘든 일이 있으면 이야기하도록 해요 ... 14
- **복습1** 1과 ~ 5과 복습 ... 16
6. 무리해서 일하더니 병이 난 것 같아요 ... 20
7. 서로 불만을 이야기하다가 싸웠어요 ... 22
8. 카밀라 씨가 제 손을 차가운 물로 씻겼어요 ... 24
9. 아이가 강아지에게 초콜릿을 먹였어요 ... 26
10. 소피아가 제임스에게 컴퓨터를 못 쓰게 했대요 ... 28
- **복습2** 6과 ~ 10과 복습 ... 30

11. 우산을 가져올 걸 그랬어요 ... 34
12. 어제 잠을 잘 못 잤거든요 ... 36
13. 1년을 공부했는데도 실력이 늘지 않아요 ... 38
14. 여자 친구가 화가 나서 아무 말도 안 해요 ... 40
15. 빨리 나아야 할 텐데 걱정이네요 ... 42
- **복습3** 11과 ~ 15과 복습 ... 44
16. 일이 힘든데도 불구하고 지원자가 많대요 ... 48
17. 자주 가던 식당이 문을 닫아서 기분이 안 좋아 ... 50
18. 아무리 바빠도 밥은 먹어야 해요 ... 52
19. 게임은 하면 할수록 더 재미있어요 ... 54
20. 로또에 당첨된다면 차를 사고 싶어요 ... 56
- **복습4** 16과 ~ 20과 복습 ... 58
21. 집이 얼마나 아담하고 예쁜지 몰라요 ... 62
22. 날마다 한국 뉴스를 들었더니 듣기가 쉬워졌어요 ... 64
23. 지각할까 봐 뛰어왔어요 ... 66
24. 눈병에 걸리지 않도록 조심하세요 ... 68
25. 날씨가 좋아야 산에 갈 수 있어요 ... 70
- **복습5** 21과 ~ 25과 복습 ... 72

26	연락해 보나 마나 바쁘다고 할 거야	76
27	예전에 친했던 친구야	78
28	주말에 놀이공원에 가면 사람이 많을걸요	80
29	롱이 고백했다고?	82
30	두 사람이 싸운 모양이에요	84
복습6	26과 ~ 30과 복습	86
31	어렸을 때 엄마 말씀을 잘 들었어야 했는데…	90
32	히로 씨 말을 듣고 보니 이해가 되네요	92
33	손을 깨끗하게 씻지 않으면 안 된대요	94
34	설악산 단풍이 정말 볼만해요	96
35	싸기는커녕 바가지를 씌우는 것 같아요	98
복습7	31과 ~ 35과 복습	100
36	매일 운동하기	104
37	아이라고 해서 다 잘 우는 것은 아니에요	106
38	집에 일이 있는 척하고 일찍 왔어	108
39	어려워도 계속 읽다 보면 이해할 수 있을 거예요	110
40	다리가 아파서 걸을 수 없을 정도야	112
복습8	36과 ~ 40과 복습	114
41	날마다 운동을 하니까 건강해질 수밖에 없지요	118
42	아이스크림을 많이 먹는 바람에 배탈이 났어요	120
43	아이들은 싸우기 마련이에요	122
44	새 프로젝트가 시작됐으니 야근을 할 게 뻔해요	124
45	카밀라가 설명해 준 대로 하니까 할 만해	126
복습9	41과 ~ 45과 복습	128

부록

모범 답안　　　　　　　　　　　　　　134

CHAPTER 1
한글날은 한글이 만들어진 것을 기념하는 날이야

1. 문법에 맞게 바꾸세요.

(1) 지우다
(2) 만들다
(3) 정하다   +   -아져요
(4) 바르다   -어져요   ⇨
(5) 끊다   -해져요
(6) 굽다

2. '-아/어져요' 문법을 사용해서 대답하세요.

(1)	이 매니큐어가 어때요?	→	(손톱, 잘 바르다)
(2)	요즘 인터넷이 잘 안 돼요?	→	(자주, 끊다)
(3)	책이 왜 그래요?	→	(발로 밟다, 찢다)
(4)	발표 순서를 다 정했어요?	→ 네,
(5)	케이크가 다 완성됐어요?	→	(맛있다, 굽다)
(6)	입술 색이 이상해요.	→	(밥을 먹다, 지우다)
(7)	제가 선물한 펜을 써 봤어요?	→ 네,	(잘 쓰다)
(8)	엘리베이터 버튼이 고장 났어요?	→ 네,	(안 누르다)

3. <보기>와 같이 문장을 만들어 보세요.

보기 폭설 + 출근 시간, 미루다
→ 폭설 때문에 출근 시간이 미뤄졌어요.

(1) 한글 + 조선 시대, 만들다

→ _____

(2) 고향에 갈 생각을 하다 + 방학, 기다리다

→ _____

(3) 배터리가 없다 + 휴대폰, 끄다

→ _____

(4) 앞사람과 부딪히다 + 커피, 쏟다

→ _____

(5) 지금 사는 집 + 작년, 짓다

→ _____

4. '-아/어져요' 문법을 사용해서 빈칸에 대화를 완성하세요.

(1) A : 어제 경복궁 구경을 했어요.
   B : 전에도 간 적이 있지 않아요?
   A : 네. 이번에는 역사 설명을 들을 수 있어서 더 좋았어요. 경복궁이 전쟁 때 불에 타서 다시 (   ) 것을 처음 알았어요.
   B : 설명을 잘 들으셨네요.

(2) A : 티엔 씨, 오늘 화장이 예쁘게 잘 됐어요.
   B : 그래요? 고마워요. 화장품을 새로 바꿨는데 저에게 잘 맞는 것 같아요.
   A : 눈썹이 잘 (   ). 어떤 제품을 사용했어요?
   B : 이름은 기억이 안 나요. 내일 가져와서 보여 줄게요.

(3) A : 영화가 어땠어요?
   B : 제 앞에 키 큰 남자가 앉았어요. 그 사람 머리 때문에 자막이 (   ) 내용을 거의 이해하지 못했어요.
   A : 저런. 제 옆자리로 오지 그랬어요? 제 옆은 빈자리였어요.
   B : 키 큰 남자가 늦게 들어와서 옮길 수가 없었어요.

(4) A : 토요일에 같이 영화 보러 갈래요?
   B : 미안해요. 토요일에 동생이 한국에 오기로 했어요. 그래서 공항에 나가야 해요.
   A : 괜찮아요. 동생을 오랜만에 만나는 거지요?
   B : 네. 지난 1년 동안 못 봤어요. 동생을 만날 생각을 하니까 벌써 토요일이 (   ).

CHAPTER 2 고향에 가는 대신 일을 할 거예요

1. 문법에 맞게 바꾸세요.

(1) 자다

(2) 듣다

(3) 짓다   +   -는 대신
              -은 대신
(4) 멀다   -ㄴ 대신   ⇨

(5) 돕다

(6) 기르다

2. '-은/는 대신' 문법을 사용해서 대답하세요.

(1) 방학에 고향에 갈 거예요? → _____ (고향에 가다, 한국에 있다)

(2) 이사간 집이 어때요? → _____ (월세가 싸다, 방이 작다)

(3) 저녁에 외식을 할까요? → _____ (집에서 먹다)

(4) 오늘도 운동을 할 거예요? → _____ (친구를 만나다)

(5) 주말에 산에 갈까요? → _____

(6) 오늘도 도서관에 가요? → _____

(7) 커피를 마실 거예요? → _____

(8) 오늘 수업이 없어요? → _____

3. <보기>와 같이 문장을 만들어 보세요.

> **보기** 친구를 만나다 + 집에서 쉬다
> → 친구를 만나는 대신에 집에서 쉴 거예요.

(1) 부모님께 이메일을 쓰다 + 영상 통화를 하다

→ _____

(2) 집이 학교에서 멀다 + 방이 넓다

→ _____

(3) 내가 청소하다 + 친구가 식사를 준비하다

→ _____

(4) 아르바이트가 힘들다 + 시급이 많다

→ _____

(5) 음식 값이 비싸다 + 맛있다

→ _____

4. '-은/는 대신' 문법을 사용해서 빈칸에 대화를 완성하세요.

(1) A : 아델 씨, 오늘도 도서관에 갈 거예요?
    B : 아니요. (   ) PC방에 갈 거예요.
    A : PC방이요? 게임을 좋아했어요?
    B : 네. 친구가 오늘 아르바이트를 안 하는 날이라고 해서 오랜만에 친구들하고 같이 게임을 하기로 했어요.

(2) A : 오늘 저녁은 뭐 먹을까요?
    B : 식당 밥도 지겨운데 (   ) 집에서 만들어 먹을까요?
    A : 그럴까요? 전에 창 씨가 만든 볶음밥 정말 맛있었어요. 혹시 오늘 먹을 수 있을까요?
    B : 맛있었어요? 그럼 오늘 저녁은 제가 준비할게요.

(3) A : 저녁에 데이트를 할 거예요. 이 빨간색 원피스가 어때요?
    B : 제 생각에는… (   ) 노란색 원피스를 입는 게 어때요?
    A : 노란색은 좀 뚱뚱해 보이지 않아요?
    B : 아니에요. 제닌 씨는 노란색이 잘 어울려요. 그리고 전혀 뚱뚱해 보이지 않아요.

(4) A : 우리 주말에 오랜만에 홍대에 놀러갈까요?
    B : (   ) 청소하는 게 어때요?
    A : 청소요? 날씨가 너무 좋아서 놀고 싶어요. 다음에 하면 안 돼요?
    B : 주말 동안 날씨가 좋대요. 토요일에 청소를 하고 일요일에 홍대에 놀러가요. 가서 쇼핑도 하고 외식도 해요.

CHAPTER 3 오늘 날씨가 좋잖아요

1. 문법에 맞게 바꾸세요.

(1) 맛있다
(2) 시간이 오래 걸리다
(3) 날씨가 춥다
(4) 숙제를 하다
(5) 머리를 자르다
(6) 불편하다

\+ -잖아요 ⇒

2. '-잖아요' 문법을 사용해서 대답하세요.

(1) 오늘은 운동을 안 해요? → _____ (다리를 다쳤다)

(2) 왜 저녁을 안 먹어요? → _____ (다이어트를 시작했다)

(3) 지은 씨는 기분이 좋아 보여요. → _____ (시험을 잘 봤다)

(4) 공항에 왜 가요? → _____ (동생이 오다)

(5) 약속 시간이 몇 시였지요? → _____

(6) 저분이 이 선생님이시지요? → 아니요, _____

(7) 이건 누구의 가방이지요? → _____

(8) 롱 씨는 어디가 아파요? → _____

3. <보기>와 같이 문장을 만들어 보세요.

보기	TV 소리가 너무 크다 + 집중할 수 없다
	→ TV 소리가 너무 크니까 집중할 수 없잖아요.

(1) 집이 너무 좁다 + 이사했다

→ _____

(2) 아까 축구를 하다 + 다쳤다

→ _____

(3) 공부를 안 하다 + 시험 점수가 나쁘다

→ _____

(4) 숙제가 많다 + 잠을 못 자다

→ _____

(5) 덥다 + 창문을 열다

→ _____

4. '-잖아요' 문법을 사용해서 빈칸에 대화를 완성하세요.

(1) A : 데릴 씨, 왜 우산을 가지고 왔어요?
    B : 지금 밖에 (   ).
    A : 지금이요? 30분 전에 제가 나올 때는 맑았는데요?
    B : 조금 전부터 내리기 시작했어요. 우산이 없으면 이따가 저랑 같이 써요.

(2) A : 자넷 씨, 빨리 일어나요. 늦었어요!
    B : 네? 지금이 몇 신데요?
    A : (8:20). 씻고 나가도 지각하겠어요.
    B : 아, 알람을 켜는 것을 깜박했어요. 양치질만 하고 나가야겠어요.

(3) A : 우리 오늘 저녁에 이 영화를 볼까요?
    B : 그 영화는 벌써 세 번이나 (   ). 다른 영화 봐요.
    A : 그렇게 많이 봤어요? 하지만 너무 좋지 않아요?
    B : 재미있지만 너무 자주 보니까 지겨워요. 우리 새로운 영화를 찾아봐요.

(4) A : 테리 씨, 제 책 봤어요? 아무리 찾아도 안 보여요.
    B : 어제 저한테 (   ).
    A : 아, 제가 빌려줬죠. 제가 요새 정신이 없어요. 외운 것도 잊어버리고 물건도 자꾸 잊어버려서 큰일이에요.
    B : 시험 때문에 스트레스를 많이 받아서 그런 거 아니에요? 좀 쉬는 것도 필요해요.

CHAPTER 4 라면이라도 먹어야겠어요

1. 문법에 맞게 바꾸세요.

(1) 빵

(2) 만 원

(3) 김밥   + -(이)라도 ⇨

(4) 목도리

(5) 책

(6) 문자 메시지

2. '-(이)라도' 문법을 사용해서 대답하세요.

(1) 할 일이 많은데 너무 졸려요. → _____ (30분)

(2) 점심을 못 먹어서 배가 고파요. → _____ (우유)

(3) 친구가 보고 싶어요. → _____ (영상 통화)

(4) 교실이 너무 더워요. → _____ (창문을 열다)

(5) 필통을 안 가지고 왔어요. → _____

(6) 목이 너무 아파요. → _____

(7) 집에만 있으니까 답답해요. → _____

(8) 요리하는 게 귀찮아요. → _____

3. <보기>와 같이 문장을 만들어 보세요.

> **보기** 할 일이 없으면 청소 + 좀 하세요
> → 　할 일이 없으면 청소라도 좀 하세요.

(1) 피곤하면 10분 + 좀 자요

→ _____

(2) 손 + 씻고 먹어

→ _____

(3) 놀지 말고 숙제 + 좀 해

→ _____

(4) 앞머리 + 자르는 게 어때?

→ _____

(5) 택시 + 타고 빨리 오세요

→ _____

4. '-(이)라도' 문법을 사용해서 빈칸에 대화를 완성하세요.

(1) A : 언제 도착해요? 너무 배고파요.
　　B : 미안해요. 길이 막혀서 좀 늦을 것 같아요. (　　　　　　) 먹으면서 기다리세요.
　　A : 과자가 어디에 있어요?
　　B : 책상 두 번째 서랍을 열어 보세요. 거기에 있을 거예요.

(2) A : 우리 시험도 끝났는데 뭐 할까요?
　　B : 피곤하고 귀찮아서 아무것도 하기 싫어요.
　　A : 그러지 말고 우리 (　　　　　) 가요. 집에만 있는 건 너무 아쉬워요.
　　B : 저는 아는 노래도 별로 없어요. 그냥 데릴 씨랑 다녀오세요.

(3) A : 숙제를 아직도 다 못 했어요? 언제 끝나요?
　　B : 글쎄요. 작문이 어려워서 시간이 좀 걸릴 것 같아요. 지나 씨는 숙제가 없어요?
　　A : 네. 우리 반은 오늘 숙제가 없어요.
　　B : 심심하면 이 (　　　　　) 읽고 있어요. 지난주에 도서관에서 빌렸는데 재미있어요.

(4) A : 인터넷으로 뭘 산 거예요?
　　B : 할인을 한다고 해서 운동복을 두 벌 샀어요.
　　A : 지금 다쳐서 운동을 못하는 거 아니에요?
　　B : 맞아요. 운동을 못 하니까 너무 우울해요. 그래서 (　　　　　)하면서 우울한 마음을 없애려고요.

CHAPTER 5 - 힘든 일이 있으면 이야기하도록 해요

1. 문법에 맞게 바꾸세요.

(1) 앉다

(2) 듣다

(3) 쓰다   + -도록 하다 ⇨

(4) 발표하다

(5) 연락하다

(6) 읽다

2. '-도록 하다' 문법을 사용해서 대답하세요.

(1) 소화가 안 돼요. → _____ (소화제를 먹다)

(2) 면접은 언제 시작해요? → _____ (잠시 기다리다)

(3) 숙제는 언제까지 내면 돼요? → _____ (수요일까지 내다)

(4) 너무 피곤해요. → _____ (쉬다)

(5) 교실이 너무 더워요. → _____

(6) 지각해서 죄송해요. → _____

(7) 아침에 일어나기가 힘들어요. → _____

(8) 신분증을 안 가져왔어요. → _____

3. <보기>와 같이 문장을 만들어 보세요.

> **보기** 다리가 아프다 + 앉다
> → _다리가 아프면 앉도록 하세요._

(1) 배가 고프다 + 간식을 먹다

→ _____

(2) 춥다 + 창문을 닫다

→ _____

(3) 교실에 도착하다 + 숙제를 제출하다

→ _____

(4) 시간이 있다 + 친구를 도와주다

→ _____

(5) 비행기에서 내리다 + 전화하다

→ _____

4. '-도록 하다' 문법을 사용해서 빈칸에 대화를 완성하세요.

(1) A : 루안 씨, 어디 아파요?
    B : 네. 어제부터 몸이 안 좋아요. 몸살이 난 것 같아요.
    A : 몸이 안 좋으면 (   ).
    B : 네. 수업이 끝나면 병원에 가야겠어요.

(2) A : 실례합니다. 미술관에서는 뛰면 안 됩니다.
    B : 아이가 모르고 뛰었어요. 죄송해요.
    A : 네. 그리고 아이가 작품을 (   ).
    B : 네. 조심하겠습니다.

(3) A : 다음 주에 말하기 시험을 볼 거예요.
    B : 혼자 하는 거예요, 아니면 친구하고 같이 하는 거예요?
    A : 친구하고 같이 하는 거예요. 여기 상자 안에 번호표가 있어요. 같은 번호를 뽑은 사람이 짝이 되는 거예요. 한 사람씩 나와서 (   ).
    B : 그럼 저부터 뽑을게요.

(4) A : 실례합니다. 저는 아랫집에 사는 사람인데요. '쿵쿵' 소리가 너무 커요.
    B : 저는 집에서 운동을 할 때 두꺼운 매트를 깔고 하고 있어요. 그래도 시끄러워요?
    A : 네. '쿵쿵' 소리랑 음악 소리가 너무 커요. 밤 10시 이후에는 (   ). 부탁합니다.
    B : 네, 저도 조심할게요.

복습 1   1과 ~ 5과

1. <보기>에 있는 어휘를 빈칸에 맞게 쓰세요.

보기					
	지우다	중단	한적하다	당일치기	받아들이다
	허기지다	머리가 멍하다	무해하다	위로하다	불가피하게

(1) 한국에 와서 공부와 아르바이트 때문에 너무 바빴어요. 그래서 이번 방학 때는 복잡한 도시를 떠나서 (　　　　　) 곳에 가서 아무 것도 하지 않고 쉴 거예요.

(2) 바다가 너무 보고 싶은데 시간이 없으니까 아침 일찍 출발해서 (　　　　　)(으)로 다녀오는 게 어때?

(3) 이 화장품은 천연 소재를 사용해서 인체에 (　　　　　) 제품입니다.

(4) 폭우로 인해 산사태가 발생했습니다. 오늘 하루 동안 철도 운행이 (　　　　　)되오니 철도를 이용하시는 분들은 다른 교통편을 이용해 주시기 바랍니다.

(5) 여행 사진을 저장해야 하는데 잘못 눌러서 사진이 다 (　　　　　).

(6) 우리 회사는 이번에 소비자의 의견을 (　　　　　) 재활용할 수 있는 포장으로 바꿨습니다.

(7) 숙제도 많고 시험 준비도 하느라 3일 동안 잠을 못 자서 (　　　　　).

(8) 내가 그 노래를 좋아하는 이유는 내가 힘들었을 때 그 노래가 나를 (　　　　　)기 때문이다.

(9) 원래는 제주도에 비행기로 가려고 했는데 표를 구하지 못해서 (　　　　　) 배로 가게 되었어요.

(10) 요즘 회사 일이 너무 바빠서 점심도 못 먹고 일을 해서 너무 (　　　　　).

2. ( )에 들어갈 가장 알맞은 것을 고르세요.

(1) 우리 택시를 탈까요? 가방이 너무 (　　　　).

① 비싸잖아요　　② 무겁잖아요　　③ 예쁘잖아요　　④ 작잖아요

(2) 너무 배가 고파요. (　　　　) 먹어야겠어요.

① 의자라도　　② 옷이라도　　③ 과자라도　　④ 지하철역이라도

(3) 요즘 빵 만들기를 배우고 있는데 오늘이 가장 잘 (　　　　).

① 켜졌어요　　② 가려졌어요　　③ 나눠졌어요　　④ 구워졌어요

(4) 수업이 끝나고 나갈 때 불을 잘 (　　　　).

① 끄도록 하세요　　② 켜도록 하세요　　③ 잡도록 하세요　　④ 만들도록 하세요

(5) 요즘 날씨가 너무 더워서 (　　　　) 카페에서 공부해요.

① 반바지를 입는 대신　　② 집에서 공부하는 대신
③ 아이스 커피를 마시는 대신　　④ 방이 작은 대신

3. <보기>에 있는 문법을 사용해서 예와 같이 빈칸에 알맞게 쓰세요.

보기		
-아/어지다	-은/는 대신	
-잖아요	-(이)라도	-도록 하다

예) 한글은 15세기에 (만들어진) 글자예요.

(1) 내가 잠깐 자리를 비운 사이에 약속 장소가 (　　　　(정하다)).

(2) 시험을 보는 동안에는 휴대 전화를 (　　　　(끄다)).

(3) 이번 주에 (　　　　(쉬다)) 다음 주에는 내가 출근할게.

(4) 기다리는 동안 심심하면 이 컴퓨터로 (　　　　(게임)) 하고 있어.

(5) 가 : 추운데 왜 밖에 서 있어요?
　　나 : 같이 들어가려고 (　　　　(기다리다)).

4. <보기>와 같이 대화를 완성하세요.

보기
가 : 경복궁은 언제 만들었어요?
나 : 조선 시대에 (만들어진) 건물이에요.

---

(1) 가 : 여보세요, 지연 씨? 왜 안 와요?

　　나 : 아, 미안해요. 회의가 늦게 끝났어요.

　　가 : 그럼 (　　　　　　　　　　) 보내지 그랬어요. 모두들 밥도 안 먹고 기다리고 있어요.

　　나 : 정말 미안해요. 지금 택시를 탔어요. 30분 정도 걸릴 것 같아요. 먼저 (　　　　　　　　).

　　가 : 그럼 우리 먼저 먹고 있을게요. 도착하기 10분 전에 연락하면 음식을 주문해 놓을게요.

　　나 : 고마워요.

---

(2) 가 : 우리 내일 공포 영화를 보러 갈까요?

　　나 : 공포 영화요? 체첵 씨는 공포 영화를 못 (　　　　　　　　).
　　　　공포 영화를 (　　　　　　　　) 액션 영화는 어때요?

　　가 : 체첵 씨는 공포 영화를 안 좋아해요?

　　나 : 네. 그래서 전에도 예매했다가 취소했어요.

　　가 : 꼭 보고 싶었는데 아쉽네요.

　　나 : 이번에는 액션영화를 보고 공포 영화는 나중에 우리 둘이 같이 보러 가요.

---

(3) 가 : 루이 씨, 볼펜 좀 빌려주세요.

　　나 : 여기요.

　　가 : 와, 정말 부드럽게 잘 (　　　　　　　　). 어디에서 샀어요?

　　나 : 작년 생일에 선물로 받았어요. 너무 잘 (　　　　　　　　) 다 쓰고 새로 사서 쓰고 있어요.

　　가 : 저도 사야겠어요. 인터넷으로 살 수 있겠죠?

　　나 : 모델 이름을 알려 줄게요. 그것으로 (　　　　　　　　).

5. 자국의 결혼식 문화는 어떻습니까? 과거와 현재의 결혼식은 어떻게 달라졌나요?
결혼식의 형태가 어떻게 달라졌는지 글을 써 보세요.
(1-5과에서 배운 문법을 3개 이상 사용하기)

CHAPTER 6 무리해서 일하더니 병이 난 것 같아요

1. 문법에 맞게 바꾸세요.

(1) 마시다
(2) 발표하다
(3) 덥다   + -더니 ⇨
(4) 자르다
(5) 젓다
(6) 쌓다

2. '-더니' 문법을 사용해서 대답하세요.

(1) 몸은 좀 어때요? → _____ (아침에는 아팠다, 지금은 괜찮다)

(2) 타미 씨는 기분이 좀 나아졌어요? → _____ (우울하다, 좋아지다)

(3) 작년과 물가가 어떻게 달라요? → _____ (작년에는 쌌다, 올해는 비싸다)

(4) 지난주와 날씨가 어떻게 달라요? → _____

(5) 부모님이 유학을 오기 전과 지금 뭐가 달라지셨어요? → _____

(6) 엄마는 작년과 올해 어떤 점이 달라지셨어요? → _____

(7) 옆에 앉은 친구는 첫날과 지금 다른 점이 있어요? → _____

(8) 작년과 올해의 유행하는 옷 스타일이 어떻게 바뀌었어요? → _____

20 | 참 즐거운 한국어

3. <보기>와 같이 문장을 만들어 보세요.

> **보기** 타미 씨는 커피를 마시다 + 기분이 좋아졌다
> → 타미 씨는 커피를 마시더니 기분이 좋아졌어요.

(1) 롱 씨가 전화를 받다 + 소리를 질렀다

   → _____

(2) 언니가 노래를 듣다 + 눈물을 흘렸다

   → _____

(3) 작년 겨울에는 눈이 많이 오다 + 올해는 거의 안 오다

   → _____

(4) 동생이 휴대 전화를 사다 + 게임을 시작했다

   → _____

(5) 룸메이트가 요리 학원에 다니다 + 매일 음식을 만들다

   → _____

4. '-더니' 문법을 사용해서 빈칸에 대화를 완성하세요.

(1) A : 오늘 저녁 같이 먹을래요?
    B : 동생이 왔다고 하지 않았어요?
    A : 맞아요. 그런데 (_____) 바로 콘서트를 보러 갔어요.
    B : 오자마자 바로 가수의 콘서트에 갔다고요? 진짜 좋아하는 가수인가 봐요.

(2) A : 미안하지만 오늘 모임에는 못 나갈 것 같아요.
    B : 왜요?
    A : 룸메이트가 많이 아픈 것 같아요. 아침부터 (_____) 기침도 심하게 해요.
    B : 열이 나고 기침도 심하게 하면 우선 감기약을 먹게 하세요. 그래도 계속 심하면 병원에 가세요.

(3) A : 진 씨, 오늘 티엔 씨 봤어요?
    B : 아니요. 수업에도 안 왔어요. 무슨 일이 있어요?
    A : 모르겠어요. 아까 전화를 (_____).
    B : 울어요? 어제부터 기분이 안 좋아 보였는데… 다시 전화를 해 보세요.

(4) A : 유진 씨, 피곤해 보여요. 무슨 일 있어요?
    B : 요즘 잠을 잘 못 자서 그래요.
    A : 숙제도 없고 시험도 끝났잖아요. 그런데 왜 못 자요?
    B : 룸메이트가 최근에 기타를 배우기 시작했어요. (_____).
       매일 밤 기타를 치는데, 말을 해도 소용이 없어요.

CHAPTER 7 서로 불만을 이야기하다가 싸웠어요

1. 문법에 맞게 바꾸세요.

(1) 자다
(2) 앉다
(3) 공부하다
(4) 회의하다
(5) 젓다
(6) 듣다

+ -다가 ⇨

2. '-다가' 문법을 사용해서 대답하세요.

(1) 왜 갑자기 전화를 끊었어요? → _____ (전화하다-선생님을 만나다)

(2) 왜 전화기가 부서졌어요? → _____

(3) 왜 늦잠을 잤어요? → _____

(4) 어떻게 한국어를 배웠어요? → _____

(5) 왜 다리를 다쳤어요? → _____

(6) 어떻게 강아지에게 물렸어요? → _____

(7) 왜 옷이 찢어졌어요? → _____

(8) 이 노래를 어떻게 알게 되었어요? → _____

3. <보기>와 같이 문장을 만들어 보세요.

보기	밥을 먹다 + 체했다
	→ __밥을 먹다가 체했어요.__

(1) 친구하고 놀다 + 약속 시간에 늦다

→ _____

(2) 무서운 영화를 보다 + 소리를 질렀다

→ _____

(3) 자전거를 타다 + 넘어졌다

→ _____

(4) 시험을 보다 + 실수했다

→ _____

(5) 큰소리로 노래를 부르다 + 친구랑 싸웠다

→ _____

4. '-다가' 문법을 사용해서 빈칸에 대화를 완성하세요.

(1) A : 바닥에 뭐가 있어요?
 B : 지갑을 잃어버렸어요. 아마도 아까 (　　　　　) 잃어버린 것 같아요.
 A : 어디에서부터 뛴 거예요? 저도 찾는 것을 도와줄게요.
 B : 고마워요. 도서관에서 교실까지 뛰어왔어요.

(2) A : 영화가 어땠어요? 재미있어요?
 B : 모르겠어요. (　　　　　　　　　　　　).
 A : 영화를 보는 중간에 잠을 잤으면 재미가 없는 거잖아요.
 B : 아니에요. 어제 잠을 못 자서 피곤했어요.

(3) A : 왜 깁스를 했어요?
 B : 지난주에 지하철 계단에서 (　　　　　　　　　).
 A : 계단에서 뛰는 것은 위험해요. 조심해야지요. 깁스는 언제까지 해야 해요?
 B : 그러게요. 의사 선생님이 다음 주에 병원에 오라고 하셨어요.

(4) A : 아, 아… 여보세요.
 B : 저 제이미예요. 목소리가 왜 그래요?
 A : (　　　　　　　　　　) 목이 쉬었어요.
 B : 목이 쉬었을 때는 따뜻한 차를 마시는 것이 좋아요.

CHAPTER 8 카밀라 씨가 제 손을 차가운 물로 씻겼어요

1. 동사를 사동사로 바꾸세요.

이	히	리	기	우
끓다 - ( )	익다 - ( )	울다 - ( )	남다 - ( )	자다 - ( )
죽다 - ( )	식다 - ( )	얼다 - ( )	씻다 - ( )	서다 - ( )
속다 - ( )	밝다 - ( )	살다 - ( )	웃다 - ( )	비다 - ( )
높다 - ( )	넓다 - ( )	마르다 - ( )	벗다 - ( )	깨다 - ( )

2. 다음의 문장을 사동사를 사용해서 바꾸세요.

(1) 아이가 울어요. → _____

(2) 라면이 끓고 있어요. → _____

(3) 침대에서 동생이 자요. → _____

(4) 옷이 말랐어요. → _____

(5) 아기가 깼어요. → _____

(6) 쓰레기통이 비었어요. → _____

(7) 케이크가 남았어요. → _____

(8) 손을 씻어요. → _____

(9) 엄마가 속아요. → _____

(10) 아빠가 모자를 벗어요. → _____

3. <보기>와 같이 문장을 만들어 보세요.

보기	형이 강아지를 씻겼어요. → 언니가 나의 머리를 말려줬어요.

(1) 엘리, 드라이기로 앞머리 + 서다

   → _____

(2) 여름에, 매일 얼음 + 얼다

   → _____

(3) 너무 뜨거워서 커피를 + 식다

   → _____

(4) 아침에 친구, 죽 + 끓다(-아/어/해 주다)

   → _____

(5) 음식 + 남다(-지 마세요)

   → _____

4. 사동사를 사용해서 빈칸에 대화를 완성하세요.

(1) A : 배고픈데 뭐 먹을까요?
   B : 간단하게 라면을 먹어요.
   A : 좋아요. 그럼 제가 라면을 (　　　　　　　) 동안 헤일로 씨는 식탁을 치워 주세요.
   B : 노트북은 침대 위에 놓을게요.

(2) A : 이제 삼겹살을 먹어도 돼요?
   B : 아직이요. 돼지고기는 완전히 (　　　　　　　) 돼요.
   A : 다 익은 것 같은데요. 너무 배고파요.
   B : 조금만 기다리세요. 맛있게 구워 줄게요.

(3) A : 제니 씨, 머리를 안 (　　　　　) 바로 나가는 거예요?
   B : 네. 왜요?
   A : 아직 날씨가 추워요. 안 (　　　　　) 나가면 감기에 걸릴 거예요.
   B : 알겠어요. 드라이기가 어디에 있어요?

(4) A : 지나 씨, 저 내일 아침 7시에 (　　　　　　　　).
   B : 휴대폰으로 알람을 켜면 되잖아요.
   A : 핸드폰이 고장 나서 수리를 맡겼어요.
   B : 알겠어요. (　　　　　　　　).

CHAPTER 9 아이가 강아지에게 초콜릿을 먹였어요

1. 동사를 사동사로 바꾸세요.

이	히	리	기	우
붙다 - (　　)	앉다 - (　　)		맡다 - (　　)	타다 - (　　)
보다 - (　　)	눕다 - (　　)	알다 - (　　)	신다 - (　　)	쓰다 - (　　)
먹다 - (　　)	입다 - (　　)			
	읽다 - (　　)			

2. 다음의 문장을 사동사를 사용해서 바꾸세요.

(1) 손님이 신발을 신다 → _____

(2) 친구가 우산을 쓰다 → _____

(3) 마틴이 새로운 소식을 알다 → _____

(4) 아이가 책에 스티커를 붙다 → _____

(5) 강아지가 옷을 입다 → _____

(6) 동생이 약을 먹다 → _____

(7) 학생이 책을 읽다 → _____

(8) 택배가 경비실에 맡다 → _____

(9) 아이가 유치원 차에 타다 → _____

(10) 친구가 침대에 눕다 → _____

3. <보기>와 같이 문장을 만들어 보세요.

보기	수잔이 고양이에게 우유를 먹여요. → 삼촌이 차에 조카를 태워요.

(1) 아이, 인형, 신발 + 신다

→ _____

(2) 간호사, 환자, 침대 + 눕다

→ _____

(3) 의사, 환자, 마스크 + 쓰다

→ _____

(4) 할머니, 손녀, 밥 + 먹다

→ _____

(5) 나, 부모님, 합격 소식 + 알다

→ _____

4. 사동사를 사용해서 빈칸에 대화를 완성하세요.

(1) A : 루루 씨는 지금 뭐 해요?
B : 밤새 아이가 열이 심해서 병원에 다녀왔어요.
그래서 지금은 아내가 아이에게 약을 (　　　　　　　　　　).
A : 고생했네요. 아이들은 약을 먹는 것을 싫어하죠?
B : 네. 안 먹으려고 해서 너무 힘들어요.

(2) A : 제닌 씨, 요즘 읽기 연습을 많이 하시네요.
B : 요즘 선생님이 수업 시간에 (　　　　　　　　) 그래서 연습을 해야 해요.
A : 수업 시간마다요? 제닌 씨만 읽는 거예요?
B : 아니에요. 학생의 반 정도는 읽기를 시키세요.

(3) A : 손님, 식당에서 아이들이 뛰어다니면 위험합니다.
아이들을 자리에 (　　　　　　　　　　　　).
B : 네, 알겠습니다.
A : 고맙습니다. 음식이 뜨거워서 뛰다가 부딪힐 수 있어요.

(4) A : 어제 모임이 몇 시에 끝났어요?
B : 11시가 넘어서 끝났어요. 데린 씨가 술에 많이 취해서 힘들었어요.
A : 그럼 집에는 어떻게 갔어요?
B : 제가 (　　　　　　　　　　) 같이 갔어요. 집이 가깝거든요.
데린 씨가 택시비를 준다고 했는데 그냥 점심을 사라고 했어요. 이따가 같이 먹어요.

CHAPTER 10 소피아가 제임스에게 컴퓨터를 못 쓰게 했대요

1. 문법에 맞게 바꾸세요.

(1) 자다		
(2) 입다		
(3) 청소하다	+ -게 하다 ⇨	
(4) 수업을 듣다		
(5) 면허를 따다		
(6) 만들다		

2. '-게 하다' 문법을 사용해서 대답하세요.

(1) 동생이 뭘 부탁했어요? → _____ (화장품을 보내다)

(2) 선생님이 무엇을 시키셨어요? → _____ (책을 읽다)

(3) 룸메이트가 무엇을 부탁했어요? → _____ (빨래를 걷다)

(4) 강아지에게 무엇을 가르쳤어요? → _____ (공을 가져오다)

(5) 집주인이 주의사항을 말했어요? → _____

(6) 의사 선생님이 무엇을 못 하게 했어요? → _____

(7) 치과 선생님이 무엇을 하라고 했어요? → _____

(8) 엄마가 무엇을 시키셨어요? → _____

3. <보기>와 같이 문장을 만들어 보세요.

보기 밤에 + 세탁기를 사용하지 못하다
→ _밤에 세탁기를 사용하지 못하게 해요._

(1) 역무원이 지하철에서 + 뛰지 못 하다

→ _____

(2) 건강을 위해서 + 담배를 끊다

→ _____

(3) 회사 면접을 위해서 + 자기소개를 연습하다

→ _____

(4) 다이어트를 하니까 + 야식을 못 먹다

→ _____

(5) 하루에 한 시간만 + 게임을 하다

→ _____

4. '-게 하다' 문법을 사용해서 빈칸에 대화를 완성하세요.

(1) A : 무슨 통화를 이렇게 오래 해요?
B : 전화를 한 게 아니에요. 책 읽기를 녹음했어요.
A : 녹음을 왜 해요?
B : 선생님께서 매일 책 읽기를 (   ). 그래서 그 녹음 파일을 메시지로 보내라고 하셨어요.

(2) A : 손탁 씨는 매일 하는 습관이 있어요?
B : 네. 저는 아침에 일어나자마자 따뜻한 물을 두 잔 마셔요.
A : 좋은 습관이네요.
B : 네, 어렸을 때 엄마가 (   ).
그때는 귀찮았는데 이제는 안 마시면 이상해요.

(3) A : 진 씨는 동물을 좋아해요?
B : 네. 고향 집에는 강아지와 고양이가 있어요.
A : 많이 보고 싶겠어요.
B : 네. 한국에서도 강아지를 키우고 싶었어요. 하지만 집주인이 (   ).

(4) A : 요즘 제일 스트레스 받는 일이 뭐예요?
B : 저는 운동을 좋아해요. 그래서 집에서도 매일 운동을 했는데 지금은 못 하고 있어서 스트레스예요.
A : 왜 못 해요?
B : 아랫집 사람이 뛰는 소리가 시끄럽다고 (   ).
매트를 깔았는데도 시끄럽다고 해서 못 하고 있어요.

복습 2 — 6과 ~ 10과

1. <보기>에 있는 어휘를 빈칸에 맞게 쓰세요.

보기					
	무리하다	거절하다	물가	과로	금이 가다
	발견하다	입대하다	망가뜨리다	붙다	치료하다

(1) 계단에서 넘어져서 팔을 다쳤는데 빨리 (　　　　) 지금은 다 나았어요.

(2) 저는 다른 사람의 부탁을 (　　　　) 못해서 항상 일이 많아요.

(3) 명절에는 일이 많아서 (　　　　)(으)로 병을 얻는 택배 기사가 많다고 한다.

(4) 내가 많이 아끼는 피규어 인형을 동생이 (　　　　) 기분이 안 좋아요.

(5) 3년 전과 비교해서 한국의 (　　　　) 많이 올랐어요.

(6) 지난번 여행에서 찍은 사진을 냉장고에 (　　　　)-아/어/해 놓았다.

(7) 한국 남자는 성인이 되면 군대에 (　　　　)-아야/어야 한다.

(8) 루이 씨는 몸이 안 좋은데 (　　　　) 일을 해서 결국 몸살로 출근을 못 했다.

(9) 내 친구는 축구를 하다가 넘어졌는데 뼈에 (　　　　) 한 달 동안 깁스를 하고 다녔다.

(10) 나는 동아리 활동을 하면서 나의 음악적 재능을 (　　　　).

2. ( )에 들어갈 가장 알맞은 것을 고르세요.

(1) 돼지고기는 반드시 잘 ( ) 먹어야 한다.
① 익혀서   ② 울려서   ③ 깨워서   ④ 높여서

(2) 우리 식당은 음식을 ( ) 벌금 천 원을 내야 합니다.
① 속이면   ② 넓히면   ③ 남기면   ④ 세우면

(3) 의사 선생님이 환자를 침대에 ( ).
① 맡겼다   ② 태웠다   ③ 맡겼다   ④ 눕혔다

(4) 엄마가 아이에게 모자를 ( ).
① 신겼다   ② 씌웠다   ③ 읽혔다   ④ 붙였다

(5) 선생님께서 학생들에게 매일 일기를 ( ).
① 말하게 하셨다   ② 다니게 하셨다   ③ 만들게 하셨다   ④ 쓰게 하셨다

3. <보기>에 있는 문법을 사용해서 예와 같이 빈칸에 알맞게 쓰세요.

보기				
	사동 -이-	-히-	-리-	-기-
	-더니	-다가	-게 하다	

예 경찰이 범인에게 가방을 (열게 했다).

(1) 학교에 ( ) 책상 위에 휴대폰을 놓고 온 것이 생각나서 다시 집으로 뛰어 갔다.

(2) 특히 여름에는 음식을 잘 ( ) 먹어야 해요.

(3) 힘들게 조카를 ( ) 전화 소리 때문에 깼어요.

(4) 여름에는 비가 많이 와서 빨래를 ( ) 것이 힘들어요.

(5) 친구가 내가 만든 떡볶이는 안 ( ) 사 온 것은 잘 먹어서 좀 섭섭했어요.

4. <보기>와 같이 대화를 완성하세요.

보기
가 : 기분 좋은 일이 있어요?
나 : 네. 택배가 (도착했거든요).

(1) 가 : 왜 손에 붕대를 감았어요?
   나 : 어제 라면을 (   ) 냄비를 쏟았어요.
   가 : 저런, 많이 다쳤어요?
   나 : 뜨거운 물에 손을 데었지만 다행히도 심하지 않아요.
   가 : 세수는 어떻게 했어요?
   나 : 친구가 아침에 와서 (   ).-아/어 주다

(2) 가 : 롱 씨에게 무슨 일이 있어요?
   나 : 글쎄요, 저는 잘 모르겠는데요. 왜요?
   가 : 아까 전화를 (   ) 바로 뛰어나갔어요.
   나 : 아까 수업 시간에도 안 (   )(보다).
   가 : 안 좋은 일은 아니겠죠? 제가 한번 전화해 볼게요.
   나 : 아, 저기 오네요.

(3) 가 : 우리 집은 처음이죠? 뭐 마실래요?
   나 : 예쁘게 꾸미셨네요. 저는 아이스 아메리카노요.
   가 : 냉동실에 얼음을 (   ) 놓았어요. 그것 좀 꺼내 주세요.
   나 : 이 집은 천장이 높아서 시원한 느낌이에요.
   가 : 네, 집주인이 답답한 것이 싫어서 천장을 (   ) 했대요.
   나 : 좋은 집을 잘 구했어요. 부럽네요.

5. 웬디 씨는 일주일 동안 출장을 갑니다. 그동안 웬디 씨의 친구가 집을 사용하기로 했습니다. 그래서 친구에게 부탁할 일을 쪽지로 남겼습니다. 밑줄 친 부분을 문맥에 맞게 고치세요.

> 안녕 제시!
> 우리 집에서 지내는 동안 몇 가지 부탁할 것이 있어. 화요일과 목요일은 분리수거 날이야. 그때 쓰레기통을 ① <u>비다</u>.(-아/어 주다)
> 그리고 우리 멍이는 매일 산책을 해야 해. 저녁을 먹고 동네 산책을 하는 것이 습관이 되었어. 그러니까 같이 산책해 줘. 나갈 때는 꼭 목줄을 해야 해. 다녀와서는 꼭 발을 ② <u>씻다</u>. 귀찮겠지만 드라이기로 ③ <u>마르다</u>.
> 밥은 하루에 두 번 주면 돼. 싱크대 맨 왼쪽에 멍이 밥하고 간식을 넣어 놓았어. 산책을 다녀온 후에 줘. 그런데 한번에 너무 많이 ④ <u>먹다</u> 토할 수 있으니까 너무 많이 주면 안 돼. 멍이가 혼자 있을 것이 너무 걱정됐었는데 네가 있어서 정말 다행이야. 고마워. 다녀와서 밥 한번 살게. 일주일 뒤에 만나자!
>
> 사랑하는 친구 웬디가.

(1) _____ (2) _____

(3) _____ (4) _____

CHAPTER 11 우산을 가져올 걸 그랬어요

1. 문법에 맞게 바꾸세요.

(1)	사다		
(2)	먹다		
(3)	듣다	+ -(으)ㄹ 걸 그랬다 ⇨	
(4)	살다		
(5)	공부하다		
(6)	빌리다		

2. '-(으)ㄹ 걸 그랬다' 문법을 사용해서 대답하세요.

(1)	숙제를 다 했어요?	→	(미리 해 놓다)
(2)	운전할 수 있어요?	→	(운전면허를 따다)
(3)	얼음이 있어요?	→	(밤에 얼리다)
(4)	에어컨이 고장 났어요?	→	(진작에 고치다)
(5)	비행기표가 있어요?	→	(일찍 예매하다)
(6)	병원에 다녀왔어요?	→	(일찍 예약하다)
(7)	신발 가격이 많이 올랐네요.	→	(세일 기간에 사다)
(8)	기타를 칠 줄 알아요?	→	(배워 두다)

3. **<보기>와 같이 문장을 만들어 보세요.**

> **보기** 우산을 안 가지고 오다 + 일기 예보를 보다
> → _우산을 안 가지고 왔어요. 일기 예보를 볼 걸 그랬어요._

(1) 집이 지저분하다 + 청소를 하다

→ _____

(2) 냉장고에 음식이 없다 + 마트에 다녀오다

→ _____

(3) 감기에 걸리다 + 예방 주사를 맞다

→ _____

(4) 교통 카드에 돈이 없다 + 충전을 해 놓다

→ _____

(5) 입을 옷이 없다 + 바로바로 빨아 놓다

→ _____

4. **'-(으)ㄹ 걸 그랬다' 문법을 사용해서 빈칸에 대화를 완성하세요.**

(1) A : 이번 달 전기 요금이 왜 이렇게 많이 나왔지?
　　B : 에어컨을 너무 많이 켰나 봐. (　　　　　　　　　　　　　　).
　　A : 지난달에 비해서 날씨가 너무 더웠잖아.
　　B : 하지만 요금이 많이 나오니까 우리 조금만 아껴 쓰자.

(2) A : 혹시 소화제가 있어요?
　　B : 아니요. 왜요? 속이 안 좋아요?
　　A : 네. 점심에 제가 좋아하는 음식이라서 너무 많이 먹었어요.
　　　　(　　　　　　　　　　　　　　　　　　).
　　B : 계속 안 좋으면 선생님께 말씀드리고 약국에 다녀오도록 하세요.

(3) A : 어, 안경을 썼네요?
　　B : 네. 시력이 많이 나빠졌어요. 의사 선생님께서 핸드폰을 오래 봐서 시력이 나빠진 것 같다고 하셨어요.
　　A : 저도 요즘 눈이 금방 피곤해져요.
　　B : 그러니까요. 핸드폰을 (　　　　　　　　　　　　　). 오늘부터 사용 시간을 줄이려고 해요.

(4) A : 속은 좀 어때요? 괜찮아요?
　　B : 아니요. 지금도 안 좋아요. 날짜가 지난 우유는 (　　　　　　　　　　　　　　).
　　A : 그러니까요. 날짜가 지난 우유는 안 마시는 것이 좋아요.
　　B : 다음부터는 유통 기한 안에 다 먹어야겠어요.

CHAPTER 12 어제 잠을 잘 못 잤거든요

1. 문법에 맞게 바꾸세요.

(1) 예쁘다
(2) 덥다
(3) 운동하다   + -거든요 ⇨
(4) 자다
(5) 읽다
(6) 재미있다

2. '-거든요' 문법을 사용해서 질문을 보고 문장을 만드세요.

(1) 왜 에어컨을 껐어요? → _____ (방이 춥다)

(2) 왜 커피를 안 마셔요? → _____ (아침에 마셨다)

(3) 왜 울어요? → _____ (엄마가 편찮으시다)

(4) 왜 점심을 안 먹어요? → _____ (배가 안 고프다)

(5) 어제 왜 학교에 안 왔어요? → _____ (몸이 아팠다)

(6) 왜 늦었어요? → _____ (늦잠을 잤다)

(7) 왜 약속 날짜를 바꿨어요? → _____ (일이 있다)

(8) 왜 고향에 안 가요? → _____ (방학에 바쁘다 / 일이 많다)

3. <보기>와 같이 문장을 만들어 보세요.

> **보기** 왜 점심을 안 먹어요? + 숙제를 다 하지 못하다
> → __숙제를 다 하지 못했거든요.__

(1) 왜 전화를 안 받았어요? + 수업 시간이었다

→ _____

(2) 머리를 잘랐네요 + 단발머리를 하고 싶었다

→ _____

(3) 공항에 왜 가요? + 부모님이 오시다

→ _____

(4) 왜 일찍 일어났어요? + 아침에 회의가 있다

→ _____

(5) 운전할 수 있어요? + 운전면허증을 땄다

→ _____

4. '-거든요' 문법을 사용해서 빈칸에 대화를 완성하세요.

(1) A : 무슨 일이 있어요? 얼굴이 안 좋아 보여요.
　　B : 엄마가 (　　　　　　　　　　).
　　A : 저런, 어디가 안 좋으신 거예요?
　　B : 작년부터 무릎이 안 좋으셨는데 최근에 더 나빠지셨대요. 그래서 걱정이에요.

(2) A : 오늘 오후에 시간이 있어요?
　　B : 네. 괜찮아요. 왜요?
　　A : 토요일이 (　　　　　　　　　　). 그래서 선물을 사려고요.
　　B : 여자 친구 생일 선물이요? 좋아요. 같이 골라 줄게요.

(3) A : 우리 뭐 좀 먹을까요?
　　B : 원래 야식을 잘 안 먹잖아요. 저녁을 안 먹었어요?
　　A : 네. (　　　　　　　　　　　　　　　).(숙제를 하다)
　　B : 그럼 치킨 어때요? 갑자기 치킨이 먹고 싶네요.

(4) A : 미안하지만 노트북 좀 사용해도 돼요?
　　B : 네, 괜찮은데, 롱 씨도 노트북이 있잖아요.
　　A : 네. 그런데 제 컴퓨터가 (　　　　　　　　　).
　　　　오늘까지 숙제를 제출해야 하는데 시간이 없어서요. 메일만 보내면 돼요.
　　B : 그래요. 사용하세요.

CHAPTER 13　1년을 공부했는데도 실력이 늘지 않아요

1. 문법에 맞게 바꾸세요.

(1) 만들다
(2) 싱겁다
(3) 재미있다
(4) 자다
(5) 먹다
(6) 학생이다

＋

-(으)ㄴ데도
-는데도
-인데도

⇨

2. '-은/는데도' 문법을 사용해서 대답하세요.

(1) 아직도 머리가 아파요? → _____ (약을 먹었다)

(2) 콘서트표를 예매했어요? → _____ (계속 시도했다)

(3) 매운탕이 맵지 않아요? → _____ (맵다, 계속 먹게 되다)

(4) 오늘도 못 샀어요? → _____ (아침이다, 사람이 많다)

(5) 아직도 추워요? → _____ (난방을 했다)

(6) 또 게임해요? → _____ (아까 했다, 또 하고 싶다)

(7) 이번 방학에도 경주에 갈 거예요? → _____ (작년에 갔다, 또 가고 싶다)

(8) 질문 있어요? → _____ (설명을 듣다, 잘 모르겠다)

3. <보기>와 같이 문장을 만들어 보세요.

> **보기** 많이 자다 + 계속 피곤하다
> → 많이 자는데도 계속 피곤해요.

(1) 밥을 먹었다 + 배가 고프다
→ _____

(2) 몸이 아프다 + 회사에 출근했다
→ _____

(3) 날씨가 춥다 + 아침 운동을 해요?
→ _____

(4) 키가 작다 + 농구를 잘하다
→ _____

(5) 말하기 연습을 하다 + 잘 되지 않다
→ _____

4. '-은/는데도' 문법을 사용해서 빈칸에 대화를 완성하세요.

(1) A : 발표 준비는 다 했어요?
B : 아니요, 3일 동안 (　　　　　　　　) 다 못 했어요.
A : 내일이 발표인데 어떡해요? 제가 좀 도와줄까요?
B : 마무리만 하면 돼요. 이따 연습하는 것만 도와주세요.

(2) A : 아까부터 어디에 전화하는 거예요?
B : 세탁기가 고장나서 AS 신청하려고요. 10분 째 (　　　　　　　　　　) 연결이 안 돼요.
A : 인터넷으로 접수를 해 보세요. 전화보다 인터넷이 더 빠를 거예요.
B : 아, 인터넷으로 할 수 있어요? 고마워요. 당장 해야겠어요.

(3) A : 우리 케이크를 하나 더 먹을까요?
B : 아까 점심 먹지 않았어요? 더 먹을 수 있어요?
A : 제가 케이크를 너무 좋아해서요. (　　　　　　　　　　) 자꾸 먹게 돼요.
B : 케이크를 정말 좋아하는군요. 그래요, 하나 더 먹어요.

(4) A : 이 옷 정말 예쁘네요.
B : 카밀라 씨에게 잘 어울릴 것 같아요.
A : 저도 마음에 들어요. 그런데 가격이 비싸요. 세일 기간이라서 (　　　　　　　　　　　　) 비싸요.
B : 그러네요. 다른 곳을 보고 다시 생각해 보세요.

CHAPTER 14
여자 친구가 화가 나서 아무 말도 안 해요

1. 문법에 맞게 바꾸세요.

(1) 곳		
(2) 것		
(3) 장소	+ 아무 + N 도 ⇒	
(4) 데		
(5) 한테		
(6) 말		

2. '아무 N 도' 문법을 사용해서 대답하세요.

(1)	교실에 누가 있어요?	→	(아무도)
(2)	지갑을 찾았어요?	→	(데)
(3)	생일 선물로 뭘 받고 싶어요?	→	(것-필요 없다)
(4)	비밀 꼭 지켜야 해요.	→	(한테-말을 안 하다)
(5)	방학에 어디로 여행을 갈까요?	→	(일이 바쁘다-못 가다)
(6)	무슨 음악을 틀어 줄까요?	→	(것, 듣기 싫다)
(7)	면접은 잘 봤어요?	→	(너무 떨리다 - 생각, 안 나다)
(8)	준비는 잘 했어요?	→	(준비, 못 하다)

3. <보기>와 같이 제시된 단어를 사용해서 문장을 만들어 보세요.

| 아무 것도 | 아무 데도 | 아무 말도 | 아무한테도 | 아무 연락도 | 아무도 |

보기 너무 떨리다 + 아무 말도 + 못 하다
→ _너무 떨려서 아무 말도 못 했어요._

(1) 시험이 끝나다 + 안 갈 것이다

→ _____

(2) 내일 건강 검진을 하다 + 못 먹다

→ _____

(3) 시험을 볼 때 + 할 수 없다

→ _____

(4) 여기에 온 것은 비밀이다 + 말하지 마세요

→ _____

(5) 지갑 안에 + 없다

→ _____

4. '아무 N도' 문법을 사용해서 빈칸에 대화를 완성하세요.

(1) A : 마리 씨, 혹시 제 핸드폰 봤어요?
B : 아니요. 못 봤어요. 책상 위에 없어요?
A : 네. 여기저기 다 찾아봤는데 (   ).
B : 그럼 제가 한 번 전화해 볼게요.

(2) A : 루이 씨, 왜 이렇게 힘이 없어요?
B : 목감기가 심해서 그저께부터 (   ).
A : 죽도 못 먹어요?
B : 네. 물을 삼키는 것도 너무 힘들어요.

(3) A : 실례합니다. (   ) 안 계세요?
B : 무슨 일이시죠?
A : 세탁물을 찾으러 왔는데요.
B : 지금 사장님이 잠시 자리를 비우셨어요. 죄송하지만 10분 후에 다시 오시겠어요?

(4) A : 롱 씨, 요즘도 운동을 열심히 하고 있어요?
B : 아니요. 체육관이 공사를 해서 (   ) 못 하고 있어요.
A : 그래요? 그럼 같이 농구를 할래요? 친구들하고 저녁에 운동장에서 농구를 하거든요.
B : 좋아요. 같이 해요. 몇 시에 시작해요?

CHAPTER 15 빨리 나아야 할 텐데 걱정이네요

1. 문법에 맞게 바꾸세요.

(1)	오다		
(2)	쉽다		
(3)	조용하다	+ -아/어야 할 텐데 ⇨	
(4)	끝내다		
(5)	쓰다		
(6)	건강하다		

2. '-아/어야 할 텐데' 문법을 사용해서 대답하세요.

(1)	내일이 시험 결과 발표날이지요?	→	(합격하다)
(2)	이번 시험은 어떨까요?	→	(쉽다)
(3)	아이가 편식이 심해요.	→	(골고루 잘 먹다)
(4)	몸살이 심해요.	→	(빨리 낫다)
(5)	곧 시험이 시작될 거예요. 카밀라 씨는 아직이에요?	→	(빨리 오다)
(6)	아침에 교통사고가 났대요.	→	(큰 사고가 아니다)
(7)	프엉안 씨가 매운 음식은 못 먹는대요.	→	(이 요리는 안 맵다)
(8)	히로 씨가 집을 구하고 있어요.	→	(좋은 집을 구하다)

3. <보기>와 같이 문장을 만들어 보세요.

> **보기** 저는 눈을 한 번도 본 적이 없어요. + 이번 겨울에는 눈이 오다
> → ___이번 겨울에는 눈이 와야 할 텐데.___

(1) 연휴에는 기차표를 사는 것이 너무 어려워요. + 기차표 예매에 성공하다

→ _____

(2) 제 동료가 회의 자료를 잃어버렸어요. + 빨리 찾다

→ _____

(3) 약속 시간에 늦었어요. + 길이 안 막히다

→ _____

(4) 에어컨이 고장 났어요. + 빨리 고치다

→ _____

(5) 이번 주에 TOPIK 시험을 봐요? + 잘 보다

→ _____

4. '-아/어야 할 텐데' 문법을 사용해서 빈칸에 대화를 완성하세요.

(1) A : 어서 오세요. 머리를 어떻게 해 드릴까요?
    B : 염색을 하고 싶은데요.
    A : 어떤 색으로 하시겠어요?
    B : 빨간색으로 하고 싶어요. 제가 염색은 처음이에요. (   ).
    A : 잘 어울리실 것 같아요. 예쁘게 해 드릴게요.

(2) A : 콘서트 티켓을 예매했어요?
    B : 아직이요. 11시부터 예매할 수 있어요. (   ).
    A : 이번에는 성공할 거예요. 저도 같이 해요.
    B : 고마워요. 예매에 성공하면 제가 점심을 살게요.

(3) A : 주말에 뭐 할 거예요?
    B : 친구들과 스키장에 가기로 했어요. 저는 스키를 한 번도 안 타 봤거든요.
    A : 그런데 일기 예보에서 금요일에 비가 온다고 했어요.
    B : 정말요? 주말에는 (   ).

(4) A : 프엉안 씨도 뮤지컬을 보러 갈 거지요?
    B : 네. 예매했어요. 그런데 요즘 몸살이 심해서 걱정이에요.
    A : (   ). 아직 며칠 여유가 있으니까 약을 먹고 푹 쉬세요.
    B : 그래야겠어요. 저도 꼭 보고 싶어요.

복습 3   11과 ~ 15과

1. <보기>에 있는 어휘를 빈칸에 맞게 쓰세요.

보기				
게으르다	생각이 나다	활발하다	지저분하다	수도권
출장이 잡히다	이따가	속상해하다	중고 시장	손을 베다

(1) 지금은 사람이 많으니까 (　　) 조용한 곳에서 다시 이야기하자.

(2) 내 룸메이트는 핸드폰을 들고 통화하는 것도 귀찮아하는 (　　) 성격이다.

(3) 내 친구는 성격이 (　　) 친구도 많고 인기도 많다. 나는 그런 친구가 부럽다.

(4) 학기가 끝날 때쯤 고향으로 돌아가는 학생들이 (　　)에 더 이상 사용하지 않는 물건들을 내 놓는다. 그래서 나는 (　　)을/를 자주 이용한다.

(5) 주말에 갑자기 (　　) 친구 생일 파티에 못 가게 되었다.

(6) 나는 공부를 시작하기 전에 주변이 (　　) 잘 집중하지 못한다. 그래서 항상 깨끗하게 청소를 한다.

(7) (　　)에 사는 사람들은 대부분 서울에 직장이 있다고 한다.

(8) 이번 발표회에 대해서 좋은 (　　) 손을 들고 발표해 주십시오.

(9) 요리를 하다가 (　　) 밴드가 없어요. 있으면 하나만 주세요.

(10) 제가 아프면 고향에 계신 부모님이 (　　) 아프다는 말을 잘 하지 않아요.

2. ( )에 들어갈 가장 알맞은 것을 고르세요.

(1) 내 친구는 시험이 ( ) 공부를 하러 도서관에 갔어요.
① 끝나는 대신   ② 끝나다가   ③ 끝났는데도   ④ 끝날까 말까

(2) 친구가 저 때문에 화가 나서 ( ) 안 해요.
① 아무한테도   ② 아무 말도   ③ 아무 때도   ④ 아무 데도

(3) 저는 내일 운전면허 시험을 볼 거예요. 벌써 세 번째예요. 이번에는 꼭 ( ).
① 합격해야 할 텐데   ② 합격했거든요   ③ 합격할 걸 그랬어요   ④ 합격하게 했어요

(4) 우리 약속 시간을 바꿔도 될까요? 내일 오전에 병원에 ( ).
① 가겠거든요   ② 갔을 거거든요   ③ 갔거든요   ④ 가야하거든요

(5) 제 동생은 날씨가 ( ) 반팔 티셔츠를 입고 다녀요.
① 차가운데도   ② 뜨거운데도   ③ 추운데도   ④ 더운데도

3. <보기>에 있는 문법을 사용해서 예와 같이 빈칸에 알맞게 쓰세요.

보기		
-거든요	-은/는데도	-아/어야 할 텐데
-(으)ㄹ 걸 그랬어요	아무 N도	

예) 비행기표가 너무 비싸요. 일찍 (살 걸 그랬어요).

(1) 아까 점심을 ( ) 계속 배가 고파요.

(2) 신발을 교환해야겠어요. 신발이 조금 ( ).

(3) 살이 쪄서 작년에 산 옷이 다 작아졌어요. 겨울 동안 ( ).

(4) 새벽에 큰 사고가 있었대요. 그런데 저는 자느라고 ( ) 못 들었어요.

(5) 내일부터 시험이에요. 지난 시험은 점수가 안 좋았어요. 이번에는 ( ).

4. <보기>와 같이 대화를 완성하세요.

보기	가 : 기분 좋은 일이 있어요?
	나 : 네. 택배가 (도착했거든요).

(1) 가 : 롱 씨, 왜 교실에 있어요? 오늘은 수업이 없어요.

　　나 : 그래요? 저는 (　　　　　　　　) 못 들었어요.

　　가 : 난방 공사 때문에 오늘은 수업이 없어요. 선생님이 게시판에 글을 올리셨어요. 확인해 보세요.

　　나 : 제가 게시판을 잘 안 (　　　　　　　　).

　　가 : 공지 사항을 자주 확인하세요.

　　나 : 네, 알겠습니다.

(2) 가 : 프엉안 씨가 입원했어요. 우리 같이 병문안을 가요.

　　나 : 정말요? 어디가 안 좋은데요?

　　가 : 계단에서 넘어져서 다리가 (　　　　　　　　).

　　나 : 프엉안 씨, 다리는 좀 어때요?

　　가 : 아직은 움직이지 못해요. 그래서 너무 답답해요.

　　나 : 빨리 (　　　　　　　　).

(3) 가 : 스웨터를 입었네요. 안 더워요?

　　나 : 저는 너무 추워요. 5월(　　　　　　　　) 왜 이렇게 춥지요?

　　가 : 아, 베트남은 한국보다 따뜻하지요. 추울 수 있겠네요.

　　나 : 카밀라 씨는 안 추워요?

　　가 : 카자흐스탄은 한국과 비슷해요.

　　나 : 오늘은 바람도 많이 부네요. 모자를 (　　　　　　　　).

5. 다음은 롱 씨의 일기입니다. 밑줄 친 부분을 어울리게 고치고, 빈칸에 어울리는 답을 쓰세요.

오늘은 중요한 날이었습니다. 발표를 하는 날이기 때문입니다. 오늘 새벽까지 발표 준비를 하느라 잠을 제대로 자지 못했습니다. 연습을 ① 많이 하다 불안해서 거울을 보고 연습을 했습니다. 지난번 발표는 제대로 하지 못했습니다. 그래서 오늘 발표가 아주 중요했습니다. 오늘은 지난번 발표보다 ② (   )…
걱정을 하면서 평소보다 조금 일찍 교실에 도착했습니다. 그런데 수업 시간이 지났는데도 친구들과 선생님이 오지 않았습니다. 15분쯤 지났을 때 행정실 선생님께서 교실로 들어오셨습니다. 그리고 오늘 수업이 없다고 하셨습니다. 저는 깜짝 놀랐습니다. ③ (   ) 저에게 알려 주지 않았습니다. 선생님은 게시판 공지사항에 글을 올리셨다고 하셨습니다. 저는 게시판을 잘 보지 않습니다.
　평소에 ④ (   ). 밤에 잠도 못 자고 준비했는데…. 아쉬운 마음과 다행인 마음이 들었습니다. 다음부터는 게시판을 자주 확인해야겠습니다.

(1) _____　　(2) _____

(3) _____　　(4) _____

6. 요즘 가장 큰 걱정/고민이 무엇인가요? 그것을 해결하기 위해서 어떻게 하고 있나요? 글을 써 보세요. (11-15과에서 배운 문법을 3개 이상 사용하기)

CHAPTER 16 일이 힘든데도 불구하고 지원자가 많대요

1. 문법에 맞게 바꾸세요.

(1)	힘들다
(2)	덥다
(3)	공부하다
(4)	경찰
(5)	바쁘다
(6)	살다

+ -은데도 불구하고 / -는데도 불구하고 / -인데도 불구하고 ⇒

2. '-은/는데도 불구하고' 문법을 사용해서 대답하세요.

(1) 동생이지만 나보다 어른 같다고 생각한 것이 있어요? → _____ (어른처럼 말하다/행동하다)

(2) 피곤하지만 끝까지 한 일이 있어요? → _____ (밤을 새워서 발표 준비를 했다)

(3) 날씨가 안 좋지만 한 일이 있어요? → _____ (날씨가 춥다, 등산을 했다)

(4) 좋아하지만 안 하는 운동이 있어요? → _____ (축구를 좋아하다, 다리를 다쳤다)

(5) 좋아하지만 안 하는 것이 있어요? → _____ (빵을 좋아하다, 다이어트를 하고 있다)

(6) 싫어하지만 하는 것이 있어요? → _____ (발표회, 연극 연습을 하다)

(7) 왜 고향에 안 가요? → _____ (건강, 매일 운동을 하다)

3. <보기>와 같이 문장을 만들어 보세요.

> **보기** 바쁘시다 + 참석해 주셔서 감사합니다
> → 바쁘신데도 불구하고 참석해 주셔서 감사합니다.

(1) 힘들다 + 매일 운동하다

→ _____

(2) 큰 사고이다 + 다친 사람이 거의 없다

→ _____

(3) 음식이 맛있다 + 가격이 싸다

→ _____

(4) 늦게 자다 + 일찍 일어나다

→ _____

(5) 연휴이다 + 길이 막히지 않다

→ _____

4. '-은/는데도 불구하고' 문법을 사용해서 빈칸에 대화를 완성하세요.

(1) A : 루이 씨, 오늘도 지각하셨네요.
   B : 죄송합니다. 늦지 않으려고 일찍 (　　　　　　　　　　) 버스가 늦게 왔어요.
   A : 이번 주는 계속 오전에 회의가 있으니까 지각하지 않도록 하세요.
   B : 네. 조심하겠습니다.

(2) A : 지은 씨는 제육볶음을 먹을 거래요. 폴 씨는요?
   B : 저는 낙지볶음이요.
   A : 맵지 않아요?
   B : (　　　　　　　　　　) 맛있어서 자꾸 먹게 돼요.

(3) A : 요즘 SNS에서 유명하다는 그 식당에 다녀왔어요?
   B : 아니요, 아직이요.
   A : 지난주에 예약하지 않았어요?
   B : 아니요, 예약 사이트가 열리자마자 (　　　　　　　　　　) 벌써 예약이 다 끝났지 뭐예요.

(4) A : 지은 씨, 휴가 다녀왔어요?
   B : 아니요. 아직 못 갔어요. 왜요?
   A : 얼굴이 까매서 다녀온 줄 알았어요.
   B : 아침에 선크림을 많이 (　　　　　　　　　　) 얼굴이 탔어요.

CHAPTER 17 자주 가던 식당이 문을 닫아서 기분이 안 좋아

1. 문법에 맞게 바꾸세요.

(1) 만나다	
(2) 먹다	
(3) 공부하다	
(4) 재미있다	
(5) 시원하다	
(6) 좋아하다	

\+ -던 ⇨

2. '-던' 문법을 사용해서 대답하세요.

(1) 고등학교 때 자주 듣던 노래가 뭐예요? →

(2) 아까 읽던 책이 뭐예요? →

(3) 조금 전에 먹던 딸기를 어디에 뒀어요? →

(4) 루이 씨가 마시던 우유가 어떤 거예요? →

(5) 아까 하던 얘기가 뭐였죠? →

(6) 옛날에 자주 먹던 음식이 뭐예요? →

(7) 예전에 자주 하던 놀이가 뭐예요? →

(8) 학교 앞에서 기다리던 사람이 누구예요? →

3. **<보기>와 같이 문장을 만들어 보세요.**

보기	고등학교 때 노래방에 자주 갔어요 + 그 노래방이 문을 닫았어요.
	→ 고등학교 때 자주 가던 노래방이 문을 닫았어요.

(1) 수업 시간에 항상 자는 친구가 있었어요 + 그 친구가 선생님이 되었어요.

→ _____

(2) 엄마가 요리하시면서 노래를 부르셨어요 + 그 노래를 라디오에서 들었어요.

→ _____

(3) 시험 때마다 사용하는 펜이에요 + 이것은 펜이에요

→ _____

(4) 고등학교 때 자주 갔어요 + 여기는 분식집이에요

→ _____

(5) 아까 커피를 마셨어요 + 아빠가 커피를 치우셨어요

→ _____

4. **'-던' 문법을 사용해서 빈칸에 대화를 완성하세요.**

(1) A : SNS에 올린 음식 사진을 봤어요. 직접 만든 거예요?
   B : 네. 제가 어릴 때 엄마가 ( ) 음식이에요.
   A : 맛있어 보였어요. 프랑스 식당에 가면 먹을 수 있어요?
   B : 그냥 엄마가 만든 음식이라서 식당에는 없을 거예요. 제가 다음에 만들어 줄게요.

(2) A : 프엉안 씨, 소파 위에 ( ) 셔츠 못 봤어요?
   B : 줄무늬 셔츠요? 제가 세탁기에 넣었어요.
   A : 그거 어제 저녁에 잠깐 입은 거라서 안 빨아도 되는데…
   B : 그래요? 미안해요. 빨래라고 생각했어요.

(3) A : 루이 씨, 표정이 왜 그래요? 안 좋은 일이 있어요?
   B : 네. 부모님이 ( ) 고양이가 어제 죽었대요.
   A : 저런, 같이 산 지 오래 됐어요?
   B : 네. 거의 10년 정도를 같이 살았어요. 그래서 마음이 아파요.

(4) A : 스탠드를 샀어요? 예쁘네요.
   B : 사지 않았어요. 친구가 ( ) 것을 제게 줬어요.
      그 친구는 이번 학기가 끝나고 고향으로 돌아가거든요.
   A : 그래서 자기가 ( ) 물건을 친구들에게 나누어 주는 거예요?
   B : 네. SNS에 사진을 올렸으니까 히로 씨도 필요한 것이 있으면 얘기하세요.

CHAPTER 18 아무리 바빠도 밥은 먹어야 해요

1. 문법에 맞게 바꾸세요.

(1) 잘하다
(2) 읽다
(3) 작다
(4) 춥다
(5) 힘들다
(6) 좁다

+ 아무리 -아도
아무리 -어도
아무리 -해도 ⇨

2. '-아무리 아/어도' 문법을 사용해서 대답하세요.

(1) 아무리 피곤해도 꼭 하는 일이 있어요? → _____ (샤워를 하다)

(2) 아무리 하기 싫어도 해야 하는 일이 뭐예요? → _____ (숙제를 하다)

(3) 아무리 먹어도 계속 먹고 싶은 음식이 뭐예요? → _____ (떡볶이)

(4) 아무리 많아도 더 갖고 싶은 것이 뭐예요? → _____ (돈)

(5) 아무리 싸도 사기 싫은 것이 뭐예요? → _____ (모자)

(6) 아무리 공부해도 어려운 것이 뭐예요? → _____ (외국어)

(7) 아무리 들어도 듣고 싶은 말이 뭐예요? → _____ (사랑한다는 말)

(8) 아무리 봐도 또 보고 싶은 사람이 누구예요? → _____ (가족)

3. <보기>와 같이 문장을 만들어 보세요.

보기	바쁘다 + 잠은 자야 하다
	→ 아무리 바빠도 잠은 자야 해요.

(1) 졸리다 + 수업 시간에 졸면 안 되다

→ _____

(2) 음식이 맛있다 + 다이어트 중에는 참아야 하다

→ _____

(3) 맵다 + 닭갈비는 먹고 싶다

→ _____

(4) 잠을 자다 + 계속 자고 싶다

→ _____

(5) 힘들다 + 산에 오르면 기분이 좋다

→ _____

4. '-아무리 아/어도' 문법을 사용해서 빈칸에 대화를 완성하세요.

(1) A : 롱 씨, 안 자요?
　　B : 네. 운동을 좀 하고 자려고요.
　　A : 며칠 째 잠도 못 자고 발표 준비를 했잖아요. 피곤하지 않아요?
　　B : (　　　　　　　　　) 운동을 하면 기분이 좋아지거든요.

(2) A : 요즘 자주 듣는 음악이 뭐예요?
　　B : 저는 BTS의 노래를 매일 들어요.
　　A : 다른 노래는 안 들어요? 같은 노래를 매일 들으면 지겹지 않아요?
　　B : 아니요. (　　　　　　　　).

(3) A : 어디 아파요? 웬 약이 이렇게 많아요?
　　B : 비타민이에요. 부모님께서 보내 주셨어요.
　　A : 종류가 많네요. 매일 먹는 거 귀찮지 않아요?
　　B : 귀찮아요. 하지만 (　　　　　　　　) 매일 먹어야 해요.
　　　　외국에서 아프면 안 된다고 부모님께서 보내 주셨거든요.

(4) A : 와, 집에서 한국 뉴스를 봐요? 다 이해가 돼요?
　　B : 아니요. 선생님께서 매일 뉴스를 들으면 듣기를 잘 할 수 있다고 하셔서요.
　　A : 저는 몇 번 하다가 그만 뒀어요. 하나도 이해가 안 되어서요.
　　B : 저도 (　　　　　　　　) 모르겠어요. 하지만 가끔 아는 문법이 들리면 기분이 좋아서 계속
　　　　보고 있어요.

CHAPTER 19 게임은 하면 할수록 더 재미있어요

1. 문법에 맞게 바꾸세요.

(1) 많다
(2) 춥다
(3) 만들다
(4) 사다
(5) 놀다
(6) 있다

+ -(으)면 -(으)ㄹ수록 ⇨

2. '-(으)면 -(으)ㄹ수록' 문법을 사용해서 대답하세요.

(1) 많으면 많을수록 좋은 것이 뭐예요? →

(2) 있으면 있을수록 안 좋은 것은 뭘까요? →

(3) 없으면 없을수록 좋은 것은 뭐예요? →

(4) 먹으면 먹을수록 기분이 좋아지는 것이 뭐예요? →

(5) 하면 할수록 좋은 것이 뭐예요? →

(6) 안 하면 안 할수록 좋은 것이 뭐예요? →

(7) 길면 길수록 좋은 것이 뭘까요? →

(8) 사면 살수록 없어지는 것이 뭘까요? →

3. **<보기>와 같이 문장을 만들어 보세요.**

보기	친구는 만나다 + 기분이 좋아지다
	→ 친구는 만나면 만날수록 기분이 좋아져요.

(1) 게임을 하다 + 더 하고 싶어지다

→ _____

(2) 지하철역에서 가깝다 + 집값이 비싸다

→ _____

(3) 날씨가 덥다 + 바닷가에 가고 싶다

→ _____

(4) 방을 정리하다 + 더 어지러워지다

→ _____

(5) 기술이 발전하다 + 따라가기가 힘들다

→ _____

4. **'-(으)면 -(으)ㄹ수록' 문법을 사용해서 빈칸에 대화를 완성하세요.**

(1) A : 지금 읽고 있는 게 뭐예요?
　　B : 시예요. 요즘 한국 시를 읽고 있어요.
　　A : 시는 좀 어렵지 않아요? 저는 이해를 못하겠어요.
　　B : 우리나라 시보다 이해하기 어려워요. 하지만 (　　　　　　　) 조금씩 이해가 돼요.

(2) A : 토요일에 우리집에서 저녁을 같이 먹을래요?
　　B : 좋아요. 무슨 날이에요?
　　A : 아니요. 제가 요즘 한국 요리를 배우고 있어요. (　　　　　　　) 요리를 하고 싶어져요.
　　　　그래서 제가 만든 요리를 같이 먹고 싶어서요.
　　B : 좋아요. 그럼 저는 우리나라 음식을 하나 만들어 갈게요.

(3) A : 제가 재미있는 퀴즈를 하나 낼게요. 답을 맞혀 보세요. (　　　　　　　) 안 좋은 것은 무엇일까요?
　　B : 많은데 안 좋은 것이요? 잘 모르겠어요.
　　A : 정답은…. '살'이에요.
　　B : 하하하. 맞네요. 저도 살이 쪄서 다이어트 중이거든요.

(4) A : 루이 씨, 요즘은 커피를 안 마셔요?
　　B : 네. 요즘은 커피보다 차를 더 자주 마셔요. 차는 (　　　　　　　) 더 마시고 싶어져요.
　　A : 저는 녹차 밖에 몰라요.
　　B : 녹차도 종류가 많아요. 다음에 제가 맛있는 차를 나눠 드릴게요.

CHAPTER 20 로또에 당첨된다면 차를 사고 싶어요

1. 문법에 맞게 바꾸세요.

(1)	자다	
(2)	먹다	
(3)	멀다	+ -는다면 / -ㄴ다면 / -다면 / -이라면 ⇒
(4)	가깝다	
(5)	맛있다	
(6)	의사이다	

2. '-는다면' 문법을 사용해서 대답하세요.

(1) 일주일의 시간이 있다면 뭘 하고 싶어요? →

(2) 인터넷이 없다면 어떨까요? →

(3) 애인이 있다면 뭐 하고 싶어요? →

(4) 여행을 갈 수 있다면 어디에 가고 싶어요? →

(5) 남자/여자가 된다면 뭘 하고 싶어요? →

(6) 사장님이 된다면 어떤 사장님이 되고 싶어요? →

(7) 애완동물을 키운다면 어떤 동물을 키우고 싶어요? →

(8) 드라마의 주인공이라면 누구와 같이 하고 싶어요? →

3. <보기>와 같이 문장을 만들어 보세요.

보기 전기가 없다 + 아무것도 할 수 없다
→ 전기가 없다면 아무것도 할 수 없을 것 같아요.

(1) 차가 있다 + 주말마다 여행을 가고 싶다
→ _____

(2) 키가 크다 + 덩크슛을 할 거다
→ _____

(3) 회장님이다 + 월급을 올려줄 거다
→ _____

(4) 이사를 가다 + 큰 집으로 갈 거다
→ _____

(5) CF를 찍다 + 라면 CF를 찍고 싶다
→ _____

4. '-는다면' 문법을 사용해서 빈칸에 대화를 완성하세요.

(1) A : 프엉안 씨는 (　　　　　　　　) 무슨 악기를 배우고 싶어요?
B : 장구를 배우고 싶어요.
A : 장구가 뭐예요?
B : 한국의 전통인 사물놀이 악기 중 하나예요. 예전에 공연을 봤는데 너무 멋있었거든요.

(2) A : 만약에 인생에서 남은 시간이 (　　　　　　　　) 뭘 할 거예요?
B : 일주일 뒤에 죽는다고요?
A : 네. 그럼 뭘 할 거예요?
B : 음… 그러면 저는 가족과 함께 여행을 할 거예요.

(3) A : 뭐해요? 여행 계획을 짜는 거예요?
B : 네. 다음 주에 부모님이 한국에 오시거든요.
　　루이 씨는 (　　　　　　　) 어디에 갈 거예요?
A : 저라면 제주도에 갈 거예요. 산과 바다를 모두 즐길 수 있으니까요.
B : 제주도도 좋겠네요. 고마워요.

(4) A : 만약에 (　　　　　　　　) 어떤 동물이 되고 싶어요?
B : 하루만 동물로 사는 거예요?
A : 네. 저는 새가 되고 싶어요. 그래서 높이 날고 싶어요.
B : 저는 강아지가 될 거예요. 그래서 제 반려견하고 같이 이야기도 하고 저에게 원하는 것을 물어볼 거예요.

복습 4   16과 ~ 20과

1. <보기>에 있는 어휘를 빈칸에 맞게 쓰세요.

보기					
	기부하다	건의하다	능숙하다	익숙하다	낫다
	시간을 내다	복지	품절	학위를 따다	스펙

(1) 취업을 하려면 학점, 어학 점수, 인턴 등 (　　　　)을/를 쌓아야 한다.

(2) 저는 유학을 오면서 처음 요리를 시작했어요. 처음에는 요리가 서툴렀지만 지금은 (　　　　) 잘 할 수 있어요.

(3) TV에서 여름에 태풍 때문에 피해를 입은 사람들에 대한 기사를 보고 (　　　　) 마음이 생겼어요. 그래서 인터넷으로 (　　　　) 방법을 찾아봤어요.

(4) 지난겨울에 독감 예방 주사를 맞았는데도 심한 감기에 걸려서 일주일동안 푹 쉬었어요. 그래서 지금은 다 (　　　　).

(5) 백화점에서 3일 동안 세일을 한다고 했어요. 그래서 첫날 오후에 갔는데 오전에 (　　　　)이/가 되었다고 해서 그냥 집으로 돌아왔어요.

(6) 회사를 선택할 때 업무 내용, 월급, 근무 시간도 중요하지만 직원들을 위한 (　　　　)도 중요한 기준이 된다.

(7) 저는 20살 때 운전면허를 땄습니다. 그래서 운전을 잘했습니다. 하지만 한국에서는 내비게이션도 어렵고 길도 (　　　　) 아직 한 번도 운전을 하지 못했습니다.

(8) 어학원을 졸업하면 한국 대학원에 입학할 겁니다. 그리고 박사 과정도 할 겁니다. (　　　　) 한국이나 고향에서 학생들을 가르치고 싶습니다.

(9) 회의 시간에 팀장님께서 회사 생활에서 불편한 사항을 (　　　　) 말씀하셨다.

(10) 바쁘실 텐데 (　　　　) 결혼식에 와 주신 분들께 감사드립니다.

2. ( )에 들어갈 가장 알맞은 것을 고르세요.

(1) 제가 자주 (   ) CD를 동생이 갖고 나가서 잃어버렸어요.
   ① 들은　　　　　② 들어서　　　　　③ 듣던　　　　　④ 듣고

(2) 아무리 (   ) 물건을 던지거나 다른 사람을 때리면 안 됩니다.
   ① 화가 나도　　　② 화가 날 텐데　　③ 화가 난다면　　④ 화가 나던

(3) 이번 시험에서 (   ) 제가 점심을 살게요.
   ① 1등인데도　　　② 1등을 하는데도 불구하고　③ 1등하다가　　④ 1등을 한다면

(4) 내 친구는 방이 (   ) 정리를 잘 해서 좁아 보이지 않는다.
   ① 좁은데도 불구하고　② 좁아야 할 텐데　③ 좁았다가　　④ 좁기 위해서

(5) 시간이 (   ) 더 게을러지는 것 같아요.
   ① 많도록 해서　　② 많자마자　　　③ 많은 적이 없어서　④ 많으면 많을수록

3. <보기>에 있는 문법을 사용해서 예와 같이 빈칸에 알맞게 쓰세요.

보기			
	-던	-으면 -을수록	-다면
	-은데도 불구하고	아무리 -아/어도	

예 (아무리 바빠도) 아침은 꼭 먹어야 해요.

(1) 지난주에 (   ) 와인을 오늘 마셨어요.

(2) 나는 기분이 (   ) 쇼핑을 한다.

(3) 오늘 아침까지 계속 (   ) 시험에서는 제대로 말하지 못했다.

(4) 만약에 (   ) 한국어를 배우지 않았을 거예요.

(5) (   ) 하루에 한 번은 부모님께 전화를 드려요.

4. <보기>와 같이 대화를 완성하세요.

보기
가 : 여자 친구가 어때요?
나 : 제 여자 친구는 (보면 볼수록) 예뻐요.

---

(1) 가 : 제가 재미있는 퀴즈를 낼게요. 답을 말해 보세요.
　　　(　　　　　　　　　) 많아지는 것은 무엇일까요?

　나 : 먹는데 많아져요? 힌트 좀 주세요.

　가 : 두 글자예요.

　나 : 모르겠어요. 답이 뭐예요?

　가 : 답은…. '나이'예요. 새해에 떡국을 먹으면 '나이를 먹는다'고 하잖아요.

　나 : 수업 시간에 (　　　　　　　　) 기억이 안 났어요.

---

(2) 가 : 로이 씨, 요즘은 운동을 안 해요?

　나 : 아니요. 일주일에 네 번 정도 하고 있어요.

　가 : 아, 미안해요.

　나 : 아니에요. 저는 운동을 (　　　　　　　　) 몸에 변화가 없어요. 오히려 살이 더 찌는 것 같아요.

　가 : 로이 씨는 야식을 좋아하죠? 아무리 (　　　　　　　　) 야식을 먹으면 살도 안 빠지고 건강에도 안 좋아요.

　나 : 알아요. 하지만 정말 쉽지 않네요.

---

(3) 가 : 우리 뭐 먹을까요?

　나 : 저는 제가 늘 (　　　　　　　　) 비빔밥이요.

　가 : 메뉴가 이렇게 많은데 항상 똑같은 걸 먹으면 안 지겨워요?

　나 : 비빔밥은 아무리 (　　　　　　　　) 맛있어요. 일주일 내내 먹어도 좋더라고요.

　가 : 비빔밥 사랑이 정말 대단하네요. 저는 고추장 불고기를 먹을게요.

　나 : 사장님, 여기 비빔밥하고 고추장 불고기 하나 주세요.

5. 우리는 살면서 여러 가지 실패를 경험합니다. 열심히 했는데 잘 안 된 경험이 있나요? 그 일을 위해서 어떤 노력을 했나요? 실패한 후에 다시 도전을 했나요? 그 결과 어떻게 되었나요? 글을 써 보세요. (16-20과에서 배운 문법을 3개 이상 사용하기)

CHAPTER 21 집이 얼마나 아담하고 예쁜지 몰라요

1. 문법에 맞게 바꾸세요.

(1)	춥다		
(2)	신다	+ -는지 몰라요	⇨
(3)	재미있다	-은지 몰라요	
(4)	멀다	-ㄴ지 몰라요	
(5)	사다		
(6)	말하다		

2. '–은/는지 몰라요' 문법을 사용해서 대답하세요.

(1)	왜 에어컨을 켜요?	→	(덥다)
(2)	밥을 먹다가 왜 물을 마셔요?	→	(찌개가 맵다)
(3)	영화가 어때요?	→	(슬프다)
(4)	왜 노래를 불러요?	→	(스트레스가 풀리다)
(5)	회사 생활이 힘들어요?	→	
(6)	요즘 많이 바빠요?	→	
(7)	왜 지각을 했어요?	→	
(8)	머리가 많이 아파요?	→	

3. <보기>와 같이 문장을 만들어 보세요.

보기	오랜만에 고향에 가다 + 기분이 좋다
	→ 오랜만에 고향에 가서 얼마나 기분이 좋은지 몰라요.

(1) 올해 겨울은 + 눈이 많이 왔다

→ _____

(2) 콘서트 티켓을 예매하다 + 오래 기다렸다

→ _____

(3) 집에 혼자 있는 강아지가 보고 싶다 + 서둘렀다

→ _____

(4) 일 년 사이에 + 물가가 오르다

→ _____

(5) 이 가게가 SNS에서 + 유명하다

→ _____

4. '-은/는지 몰라요' 문법을 사용해서 빈칸에 대화를 완성하세요.

(1) A : 과장님, 오늘은 좀 일찍 퇴근해도 될까요?
    B : 무슨 일이 있나요?
    A : 네. 오늘 고향에서 부모님이 오시거든요. 2년 동안 못 봤어요.
       (   ).
    B : 빨리 보고 싶겠어요. 어서 가 보세요. 부모님과 좋은 시간 보내세요.

(2) A : 주말 잘 보냈어요? 부모님을 만나서 뭐 했어요?
    B : 엄마가 요리를 많이 해 주셨어요.(   ).
    A : 엄마의 음식은 언제나 먹고 싶지요. 좋았겠어요.
    B : 네. 동료들과 먹으라고 조금 싸 주셨어요. 이따가 같이 드세요.

(3) A : 가방을 새로 샀어요? 예쁘네요.
    B : 주말에 백화점에 다녀왔어요. 토요일에 세일을 시작했는데
       (   ).
    A : 세일 첫날에 갔으면 좋은 물건이 많았겠어요.
    B : 네. 저렴하게 잘 사서 기분이 좋아요.

(4) A : 소냐 씨, 목감기에 걸렸어요?
    B : 아니요. 어제 친구들과 노래방에 갔어요. (   ).
    A : 원래 노래방에서는 노래를 부를 때 소리를 지르잖아요.
    B : 맞아요. 그런데 너무 심하게 소리를 질러서 목소리가 잘 안 나와요.

CHAPTER 22 날마다 한국 뉴스를 들었더니 듣기가 쉬워졌어요

1. 문법에 맞게 바꾸세요.

(1) 자다
(2) 예매하다
(3) 노래를 부르다
(4) 듣다
(5) 주문하다
(6) 신다

\+ -았더니 / -었더니 / -했더니 ⇒

2. '-았/었더니' 문법을 사용해서 대답하세요.

(1) 피곤해 보여요. → _____ (늦게 자다)

(2) 왜 기분이 안 좋아요. → _____ (친구와 싸우다)

(3) 목이 아픈 건 좀 어때요? → _____ (약을 먹다-낫다)

(4) 왜 약을 먹어요? → _____ (밥을 많이 먹다-배가 아프다)

(5) 왜 옷을 안 샀어요? → _____ (매진이다)

(6) 왜 저녁을 안 먹어요? → _____ (점심을 늦게 먹다)

(7) 허리가 많이 아파요? → _____ (무거운 짐을 들다)

(8) 집이 깨끗하네요. → _____ (대청소를 하다)

3. <보기>와 같이 문장을 만들어 보세요.

> **보기** 한 시간 동안 운동하다 + 목이 마르다
> → _한 시간 동안 운동했더니 목이 말라요._

(1) 매일 운동하다 + 살이 빠졌다

→ _____

(2) 오랜만에 집에 가다 + 부모님이 반가워하셨다

→ _____

(3) 교실에 들어가다 + 아무도 없었다

→ _____

(4) 전화를 걸다 + 통화 중이었다

→ _____

(5) 핸드폰을 켜다 + 메시지가 많이 와 있었다

→ _____

4. '-았/었더니' 문법을 사용해서 빈칸에 대화를 완성하세요.

(1) A : 제닌 씨, 소화제 있어요?
    B : 왜요, 속이 안 좋아요?
    A : 네. 점심 때 시간이 없어서 (　　　　　　　　　) 체한 것 같아요.
    B : 잠깐만 기다리세요. 금방 사 올게요.

(2) A : 아침부터 무슨 노래를 계속 부르고 있어요?
    B : 어제 버스에서 처음 들었어요. 좋아서 계속 (　　　　　　　　　) 외워졌어요.
    A : 하루 만에 가사를 다 외운 거예요?
    B : 전부 다 외우는 건 아니에요. 뒷부분만 기억하고 부르는 거예요.

(3) A : 주말에 뭐 할 거예요?
    B : 여자 친구를 만나기로 했어요. 일 때문에 2주나 (　　　　　　　　　) 너무 보고 싶어요.
    A : 부럽네요. 저도 여자 친구를 사귀고 싶어요.
    B : 동아리에 가입해 보세요. 저도 동아리에서 만났잖아요.

(4) A : 어제 간 식당은 어땠어요? 꼭 가 보고 싶다고 했잖아요.
    B : 말도 마세요. 못 들어갔어요.
    A : 왜요?
    B : (　　　　　　　　　) 쉬는 날이었어요. 일부러 갔는데 같이 간 친구한테 너무 미안했어요.

CHAPTER 23 지각할까 봐 뛰어왔어요

1. 문법에 맞게 바꾸세요.

(1) 맵다		
(2) 가다		
(3) 부족하다	+ -을까 봐 / -ㄹ까 봐 ⇒	
(4) 만들다		
(5) 자르다		
(6) 듣다		

2. '-(으)ㄹ까 봐' 문법을 사용해서 대답하세요.

(1) 운전 안 하고 지하철을 탔어요? → _____ (길이 막히다)

(2) 소설책을 가져왔군요. → _____ (심심하다)

(3) 오늘은 운동화를 신었네요. → _____ (발이 아프다)

(4) 긴장하지 마세요. → _____ (실수하다)

(5) 집에 알람 시계가 많네요. → _____ (늦잠을 자다)

(6) 휴대폰 보조 배터리도 가지고 왔어요? → _____ (휴대폰이 방전되다)

(7) 왜 목도리를 가지고 왔어요? → _____ (춥다)

(8) 음료수를 많이 준비했네요. → _____ (목이 마르다)

3. <보기>와 같이 문장을 만들어 보세요.

> **보기** 땀을 흘리다 + 손수건을 가지고 다니다
> → 땀을 흘릴까 봐 손수건을 가지고 다녀요.

(1) 버스에서 넘어지다 + 손잡이를 꼭 잡다

→ _____

(2) 비밀번호를 잊어버리다 + 핸드폰에 입력해 놓다

→ _____

(3) 다른 사람들이 시끄럽다 + 작은 소리로 통화하다

→ _____

(4) 음식이 맵다 + 걱정이다

→ _____

(5) 엄마가 걱정하시다 + 좋은 이야기만 하다

→ _____

4. '-(으)ㄹ까 봐' 문법을 사용해서 빈칸에 대화를 완성하세요.

(1) A : 집이 따뜻하네요.
    B : (　　　　　　) 보일러를 켜 놓았어요.
    A : 너무 추웠는데 고마워요.
    B : 우선 따뜻한 차로 몸을 녹인 후에 저녁은 천천히 먹을까요?

(2) A : 돈을 왜 이렇게 많이 가지고 왔어요?
    B : 시장에서 (　　　　　　) 현금을 준비했어요.
    A : 한국은 카드가 안 되는 곳이 거의 없어요.
    B : 하지만 시장에서는 카드가 안 되는 곳도 있대요.

(3) A : 오늘은 무슨 요리를 했어요?
    B : 갈비찜을 해 봤어요. 그런데 (　　　　　　) 걱정이에요.
    A : 무슨 소리예요. 진 씨가 만든 요리 중에서 맛없는 요리는 하나도 없었어요.
    B : 맛있게 먹어 줘서 고마워요.

(4) A : 뭘 이렇게 많이 샀어요?
    B : 조카 옷이에요. 그런데 조카를 사진으로만 봐서 얼마나 컸는지 잘 모르겠어요.
        그래서 옷이 (　　　　　　) 걱정이에요.
    A : 가게 직원에게 물어보면 대부분 잘 맞아요.
    B : 그래서 직원에게 물어보고 샀어요.

CHAPTER 24 눈병에 걸리지 않도록 조심하세요

1. 문법에 맞게 바꾸세요.

(1) 가다
(2) 앉다
(3) 듣다
(4) 발표하다
(5) 조용히 하다
(6) 먹이지 않다

\+ -도록 ⇨

2. '-도록' 문법을 사용해서 대답하세요.

(1) 장갑을 낄까요? → 네, _____ (손을 데지 않다)

(2) 소리가 너무 작아요. → _____ (뒷사람까지 잘 들리다)

(3) 올해의 계획이 있어요? → _____ (토픽 4급에 합격하다)

(4) 칠판 글씨가 잘 안 보여요 → _____ (뒷사람까지 잘 보이다)

(5) 왜 우유를 냉장고에 넣어요? → _____ (시원해지다)

(6) 산에 갈 때 왜 긴 옷을 입어요? → _____ (벌레에 물리지 않다)

(7) 왜 선크림을 발라요? → _____ (얼굴이 타지 않다)

(8) 왜 따뜻한 물을 자주 마셔요? → _____ (목이 아프지 않다)

3. <보기>와 같이 문장을 만들어 보세요.

보기 뷔페에서 음식을 남기지 않다 + 조금씩 가지고 가다
→ 뷔페에서 음식을 남기지 않도록 조금씩 가지고 가세요.

(1) 편하게 운동할 수 있다 + 거실 가구를 치웠다

→ _____

(2) 두 사람이 이야기를 하다 + 다른 사람들은 밖으로 나갔다

→ _____

(3) 법을 잘 지키다 + 모두 노력해야 하다

→ _____

(4) 할머니가 앉으시다 + 자리에서 일어났다

→ _____

(5) 요리하기 편하다 + 재료를 미리 준비해 놓았다

→ _____

4. '-도록' 문법을 사용해서 빈칸에 대화를 완성하세요.

(1) A : 소포의 내용물은 무엇입니까?
B : 화장품이에요. (   ) 부탁드릴게요.
A : 네, 알겠습니다. EMS로 하시겠어요, 일반으로 하시겠어요?
B : EMS로 보낼게요.

(2) A : 내일 몇 시 기차예요?
B : 아침 8시 기차예요.
A : 일찍 일어나야겠네요. (   ) 알람을 맞춰 놓아야겠어요.
B : 저도 해 놓을게요. 먼저 일어나는 사람이 깨우기로 해요.

(3) A : 빨래를 널 때 잘 펴서 널어야 해요.
B : 왜요?
A : 빨래가 잘 (   ) 펴는 거예요.
B : 아, 지금까지는 세탁기에서 꺼내서 그냥 널었어요. 이제부터는 잘 펴야겠어요.

(4) A : 오늘 오후부터 날씨가 추워진대요. (   ) 따뜻하게 옷을 입으세요.
B : 이 코트를 입으면 될까요?
A : 코트보다 패딩점퍼가 더 따뜻하지 않을까요? 그리고 목도리도 챙기세요.
B : 고마워요.

CHAPTER 25 날씨가 좋아야 산에 갈 수 있어요

1. 문법에 맞게 바꾸세요.

(1) 듣다
(2) 읽다
(3) 가다
(4) 작다
(5) 만들다
(6) 쉽다

+ -아야 / -어야 / -해야 ⇒

2. '-아/어야' 문법을 사용해서 대답하세요.

(1) 언제 집에 갈 수 있어요? → _____ (발표가 끝나다)

(2) 언제 먹을 수 있어요? → _____ (어른이 먼저 드시다)

(3) 언제 만날 수 있어요? → _____ (주말이 되다)

(4) 올해는 고향에 갈 거예요? → _____ (비행기표를 사다)

(5) 지금 약을 먹어도 돼요? → _____ (밥을 먹다)

(6) 어떻게 해야 대학에 입학할 수 있어요? → _____ (시험에 합격하다)

(7) 새해에는 건강해지고 싶어요. → _____ (운동을 하다)

(8) 엘리베이터가 고장 났어요. → _____ (엘리베이터를 고치다)

3. **<보기>와 같이 문장을 만들어 보세요.**

> **보기** 노트북을 서비스 센터에 맡기다 + 고칠 수 있다
> → 　노트북을 서비스 센터에 맡겨야 고칠 수 있어요.

(1) 장학금을 받다 + 학교에 다닐 수 있다

→ _____

(2) 일찍 일어나다 + 지각을 안 하다

→ _____

(3) 도서관에 가다 + 집중할 수 있다

→ _____

(4) 먼저 숙제를 하다 + 마음이 편하다

→ _____

(5) 학생증이 있다 + 학생 할인을 받을 수 있다

→ _____

4. **'-아/어야' 문법을 사용해서 빈칸에 대화를 완성하세요.**

(1) A : 백화점이 내일부터 세일을 한대요.
　　 B : 그래요? 그럼 우리 같이 가요. 점심 먹고 오후에 갈까요?
　　 A : 안 돼요. 첫날이니까 (　　　　　　　　　　) 좋은 물건을 살 수 있어요.
　　 B : 그럼 쇼핑을 하고 점심을 먹어야겠네요.

(2) A : 우린 씨는 매일 아버지와 통화를 해요?
　　 B : 네. 작년에 수술을 하셨거든요. 그래서 매일 (　　　　　　　　　　) 마음이 놓여요.
　　 A : 정말 좋은 딸이네요.
　　 B : 건강이 안 좋으신데 제가 외국에 있으니까 걱정이 많아져요.

(3) A : 한국에 와서 불편한 점이 뭐였어요?
　　 B : 한국에서는 신발을 (　　　　　　　　　　) 집에 들어갈 수 있는 거요.
　　 A : 서양에서는 신발을 안 벗죠?
　　 B : 네. 그래서 처음에 실수를 많이 했어요.

(4) A : 유진 씨는 공부할 때 음악을 들어요?
　　 B : 아니요. 저는 (　　　　　　　　　　) 집중할 수 있어요.
　　 A : 그럼 유진 씨는 카페에서는 공부를 못 하겠네요.
　　 B : 네. 저는 시끄러운 곳에서 공부하는 사람들이 정말 신기해요.

복습 5   21과 ~ 25과

1. <보기>에 있는 어휘를 빈칸에 맞게 쓰세요.

보기					
	상쾌하다	아담하다	금방	서두르다	미끄럽다
	뛰어오다	운영하다	점점	성실하다	특별하다

(1) 나는 40대까지 열심히 돈을 모아서 50대에는 서점을 (　　　　) 것이 꿈이다.

(2) 하루 종일 땀을 흘렸는데 집에 와서 샤워를 하니까 얼마나 (　　　　) 모른다.

(3) 엄마를 보고 웃으면서 (　　　　) 아이의 모습이 너무 예뻤다.

(4) 아직 안 끝났어요? (　　　　) 않으면 기차를 놓칠 거예요.

(5) 가 : 사장님, 음식 나오려면 멀었어요?
　　나 : (　　　　) 나가요. 조금만 기다리세요.

(6) 밤새 내린 눈이 얼어서 길이 많이 (　　　　) 조심해서 걸으세요.

(7) 시청자 여러분 안녕하십니까. 오늘은 (　　　　) 초대 손님 한 분을 모셨습니다. 뜨거운 박수를 보내 주세요.

(8) (　　　　) 날씨가 추워지기 시작했어요. 패딩 점퍼를 꺼내 입어야겠어요.

(9) 새로 이사한 집은 너무 작지 않고 (　　　　) 첫눈에 마음에 들었어요.

(10) 선생님께서는 공부를 할 때는 꾸준하고 (　　　　) 태도가 중요하다고 말씀하셨다.

2. (   )에 들어갈 가장 알맞은 것을 고르세요.

(1) 한국의 겨울은 얼마나 (   ).

① 따뜻한지 몰라요 ② 매운지 몰라요 ③ 추운지 몰라요 ④ 시원한지 몰라요

(2) 콘서트에 가서 직접 음악을 (   ) 정말 감동적이었어요.

① 들어야 ② 들을까 봐 ③ 듣도록 ④ 들었더니

(3) 책으로도 배울 수 있지만 한국에서 (   ) 알 수 있는 것들이 있어요.

① 살아야 ② 먹도록 ③ 배울까 봐 ④ 경험하던

(4) 같은 수업을 두 번 (   ) 이제 이해가 됐어요.

① 결석하니까 ② 들었더니 ③ 지각해서 ④ 생활했기 때문에

(5) 독감에 (   ) 미리 예방 주사를 맞았어요.

① 피해를 입을까 봐 ② 만나지 않도록
③ 예방하는데도 불구하고 ④ 걸리지 않도록

3. <보기>에 있는 문법을 사용해서 예와 같이 빈칸에 알맞게 쓰세요.

보기		
얼마나 -은지/는지 모르다		-았/었더니
-(으)ㄹ까 봐	-도록	-아야/어야

예 밥을 (먹어야) 약을 먹을 수 있어요.

(1) 그 깍두기는 얼마나 (   ). 깍두기를 한 개 먹고 물을 두 컵이나 마셨어요.

(2) 고향에서 언니가 왔어요. 1년 만에 만나서 너무 반가웠어요. 그래서 우리는 자는 것도 잊고 (   )(밤새다) 이야기를 나눴어요.

(3) 오후에 커피를 세 잔이나 (   ) 밤에 잠이 안 와서 고생했어요.

(4) 주중에는 너무 바빠서 집안일을 할 수가 없어요. 그래서 주말에 (   ) 일주일 동안 깨끗한 옷을 입을 수 있어요.

4. <보기>와 같이 대화를 완성하세요.

보기
가 : 내일 산에 갈 수 있어요?
나 : 글쎄요, 날씨가 (좋아야) 산에 갈 수 있어요.

(1) 가 : 루이 씨, 또 커피를 마셨어요?
　　나 : 네. 일이 너무 많아요. 저는 커피를 (　　　　　　) 집중이 잘 되거든요.
　　가 : 지난주에도 위가 아파서 병원에 다녀왔잖아요. 의사 선생님이 커피를 줄이라고 하셨다면서요.
　　나 : 네. 그래서 커피를 안 (　　　　　) 일에 집중을 할 수 없었어요.
　　그래서 다시 마시기 시작했어요.
　　가 : 몸 생각도 해야 하는데, 걱정이네요.
　　나 : 이제 조금씩 줄이려고요.

(2) 가 : 와, 가방을 샀어요? 정말 예쁘네요.
　　나 : 네. 두 달 전에 처음 보고 너무 사고 싶었어요. 하지만 비싸서 못 샀어요.
　　가 : 그럼 언제 산 거예요?
　　나 : 지난주에요. 그때도 얼마나 (　　　　　　).(고민하다)
　　가 : 그래도 사니까 좋지요? 너무 잘 어울려요.
　　나 : 고마워요. 오랫동안 잘 (　　　　　) 조심할 거예요.

(3) 가 : 체첵 씨, 미안하지만 노트 필기 좀 보여줄 수 있어요?
　　나 : 수업 같이 듣지 않았어요?
　　가 : 네. 그런데 수업 시간에 (　　　　　)(졸다) 필기를 하나도 못 했어요.
　　나 : 밤에 안 잤어요?
　　가 : 새벽에 숙제를 끝냈어요. 그때 자면 학교에 (　　　　　　) 그냥 밤을 새웠어요.
　　나 : 여기 있어요. 공책은 내일 돌려주세요.

5. 고향 친구에게 한국의 여행지를 한 곳 소개해 보세요. 여러분은 그곳에서 어떤 경험을 했나요? 왜 그곳에 가야 하나요? 그곳에서 주의할 점이 있나요? 글을 써 보세요.
(21-25과에서 배운 문법을 3개 이상 사용하기)

CHAPTER 26 연락해 보나 마나 바쁘다고 할 거야

1. 문법에 맞게 바꾸세요.

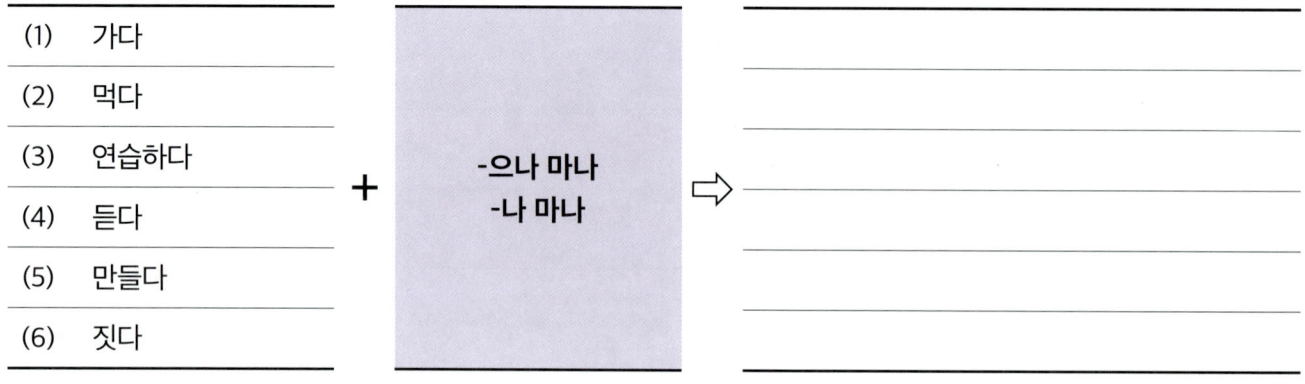

(1) 가다
(2) 먹다
(3) 연습하다
(4) 듣다
(5) 만들다
(6) 짓다

+ -으나 마나 / -나 마나 ⇒

2. '-(으)나 마나' 문법을 사용해서 대답하세요.

(1) 10분이라도 쉬세요. →
(2) 30분이라도 자요. →
(3) 약은 먹었어요? → 아니요,
(4) 시험 결과를 확인했어요? → 아니요,
(5) 유진 씨한테 전화했어요? → 아니요,
(6) 따뜻하게 옷을 입으세요. →
(7) 데릴 씨의 요리 솜씨는 어떨까요? → (먹어 보다-맛있다)
(8) 시험인데 공부 안 해요? →

3. <보기>와 같이 문장을 만들어 보세요.

> **보기** 극장에 가다 + 매진일 것이다
> → 극장에 가나 마나 매진일 거예요.

(1) 지갑이 있다 + 돈이 없다

→ _____

(2) 사과를 하다 + 소용이 없을 것이다

→ _____

(3) 드럼을 배우다 + 집에서 연습할 수가 없다

→ _____

(4) 롱 씨는 기다리다 + 안 올 것이다

→ _____

(5) 그 영화는 보다 + 재미있을 것이다

→ _____

4. '-(으)나 마나' 문법을 사용해서 빈칸에 대화를 완성하세요.

(1) A : 입사 시험 발표가 언제라고 했죠?
    B : 내일이에요. 제가 시험에 합격할까요?
    A : 그럼요. (_____). 그 회사에서 인턴도 했잖아요.
    B : 그렇게 말해 줘서 고마워요. 저도 꼭 합격하고 싶어요.

(2) A : 셔츠에 김칫국물을 흘렸어요. 데릴 씨, 물수건 있어요?
    B : 네, 여기 있어요. 그런데 김칫국물은 (_____) 안 지워질 거예요.
    A : 정말 닦아도 잘 안 지워지네요.
    B : 그냥 세탁소에 맡기세요.

(3) A : 유진 씨는 수영을 잘해요?
    B : 아니요. 거의 못해요.
    A : 오래 배우지 않았어요?
    B : 맞아요. 하지만 (_____). 물에 들어가면 긴장해서 몸이 잘 움직이지 않아요.

(4) A : 이사할 곳은 찾아봤어요?
    B : 아니요. 그냥 여기에서 살기로 했어요.
    A : 왜요? 좀 더 큰 곳으로 가고 싶다고 했잖아요.
    B : 하지만 지금 월세로는 (_____) 여기랑 비슷할 것 같아요.
       그래서 그냥 여기에서 살려고요.

CHAPTER 27 예전에 친했던 친구야

1. 문법에 맞게 바꾸세요.

(1) 가다
(2) 먹다
(3) 시원하다
(4) 학생이다
(5) 넓다
(6) 덥다

\+ -았던 / -었던 / -했던 / -이었던 / -였던 ⇒

2. '-았/었던' 문법을 사용해서 대답하세요.

(1) 중학생 때 좋아했던 음식이 뭐예요? →
(2) 한국에서 친구들과 처음 놀러갔던 곳이 어디예요? →
(3) 처음 들었던 k-pop이 뭐예요? →
(4) 자기 나라에서 처음 먹었던 한국 음식이 뭐예요? →
(5) 처음 봤던 한국 영화/드라마는 뭐예요? →
(6) 이 분은 누구세요? → (처음 한국어를 가르쳐주시다)
(7) 일을 해서 번 돈으로 처음 샀던 것은 뭐예요? →
(8) 한국에서 두 번째로 여행갔던 곳은 어디예요? →

3. <보기>와 같이 문장을 만들어 보세요.

> **보기** 처음 만들다 + 한국 요리는 김밥이다
> → 처음 만들었던 한국 요리는 김밥이에요.

(1) 먹어 본 음식 중 가장 맵다 + 음식은 떡볶이다

→ _____

(2) 처음 사귀다 + 여자 친구는 같은 반 친구였다

→ _____

(3) 드럼을 배우다 + 집에서 연습할 수가 없다

→ _____

(4) 유치원 때 읽다 + 책을 지금도 가지고 있다

→ _____

(5) 작년 크리스마스는 가장 즐겁다 + 기억이 있다

→ _____

4. '-았/었던' 문법을 사용해서 빈칸에 대화를 완성하세요.

(1) A : 이건 언제 찍은 사진이에요?
B : 고등학교 때 친구들과 여행을 가서 찍은 사진이에요.
A : 다들 너무 귀엽네요.
B : 친구들과 처음 (　　　　　　) 여행이라서 기억에 많이 남아요.
　　친구들과 만나면 지금도 그때 이야기를 해요.

(2) A : 이 영화 봤어요?
B : 아직 못 봤어요. 하지만 재미있다는 얘기는 많이 들었어요.
A : 꼭 보세요. 제가 최근 10년 동안 (　　　　　　) 영화 중에서 가장 재미있는 영화예요.
B : 그 정도예요? 주말에 봐야겠네요.

(3) A : 휴대폰이 왜 이렇게 많아요?
B : 지금까지 사용한 휴대폰을 하나도 안 버렸어요.
A : 이 중에서 어떤 것이 제일 좋았어요?
B : 저는 세 번째 (　　　　　　) 것이 가장 좋았어요. 디자인이 제일 마음에 들어요.

(4) A : 오늘 저녁은 제가 준비했어요.
B : 이건 고향 음식이에요?
A : 아니요. 제가 어렸을 때 엄마가 자주 (　　　　　　) 음식이에요.
B : 맛있네요. 린 씨 어머니를 만난 적은 없지만 음식을 먹으니까 어머니와 같이 있는 느낌이네요.

CHAPTER 28 주말에 놀이공원에 가면 사람이 많을걸요

1. 문법에 맞게 바꾸세요.

(1) 잘 맞다

(2) 뜨겁다

(3) 생일이다

(4) 듣다

(5) 길다

(6) 재미있다

\+ -을걸요 / -ㄹ걸요 / -일걸요 ⇨

2. '-(으)ㄹ걸요' 문법을 사용해서 대답하세요.

(1) 주말 날씨가 어떨까요? →

(2) 저 사람은 어느 나라 사람일까요? →

(3) 시험을 잘 봤을까요? →

(4) 마크 씨는 지금 일어났을까요? →

(5) 몇 시쯤 도착할까요? →

(6) 식당에 자리가 있을까요? →

(7) 콘서트 티켓을 살 수 있을까요? →

(8) 월세가 비쌀까요? →

3. <보기>와 같이 문장을 만들어 보세요.

> **보기** 지난주에 약속을 했다 + 꼭 나오다
> → 지난주에 약속을 했으니까 꼭 나올걸요.

(1) 주말에 제주도에 가다 + 유채꽃을 볼 수 있다

→ _____

(2) EMS로 보내다 + 빨리 받을 수 있다

→ _____

(3) 두 사람이 자다 + 방이 좁다

→ _____

(4) 유진 씨가 선물을 받다 + 좋아하다

→ _____

(5) 마이클 씨는 수업이 끝나다 + PC방에 있다

→ _____

4. '-(으)ㄹ걸요' 문법을 사용해서 빈칸에 대화를 완성하세요.

(1) A : 유진 씨, 방학에 고향에 갈 거예요?
    B : 아니요. 이번에는 그냥 한국에 있을 거예요. 마이클 씨는요?
    A : 저도 한국에 있을 거예요. 린 씨는요?
    B : 아르바이트를 구한 것을 보면 린 씨도 아마 ( ).

(2) A : 혹시 마이클 씨를 봤어요? 전화를 안 받네요.
    B : 아마 ( ). 빌릴 책이 있다고 했어요.
    A : 그래요? 그럼 다시 전화해 봐야겠어요.
    B : 다음 수업이 있으니까 금방 올 거예요.

(3) A : 우리 반에서 누가 운동을 잘할까요?
    B : 글쎄요. 타미 씨가 ( ). 어렸을 때 농구 선수였다는 얘기를 들었어요.
    A : 그래요? 잘됐네요. 옆 반하고 농구 시합을 하기로 했는데 선수가 부족하거든요.
    B : 한번 물어보세요. 그리고 경기가 언제예요? 응원하러 갈게요.

(4) A : 마이클 씨, 제닌 씨 전화번호를 알아요?
    B : 아니요, 몰라요. 하지만 자넷 씨는 ( )?
    A : 그래요?
    B : 둘이 작년에 같은 반이었고 친하잖아요.

CHAPTER 29 롱이 고백했다고?

1. 문법에 맞게 바꾸세요.

(1)	먹었다	
(2)	자다	
(3)	뜨겁다	+ -는다고요? / -ㄴ다고요? / -다고요? / -이라고요? ⇨
(4)	동생	
(5)	멀다	
(6)	공부하다	

2. '-는다고요?' 문법을 사용해서 대답하세요.

(1)	오늘 제 생일이에요.	→	네?
(2)	지금 밖에 눈이 내려요.	→	네?
(3)	택배가 도착했어요.	→	네?
(4)	토니 씨가 이번 인턴 시험에 합격했대요!	→	네?
(5)	국물이 많이 뜨거워요.	→	네?
(6)	죄송하지만 티켓이 없습니다.	→	네?
(7)	이 사람이 제 남자 친구예요.	→	네?
(8)	저는 벌써 밥을 먹었어요.	→	네?

3. <보기>와 같이 문장을 만들어 보세요.

보기	한국에서 호주까지 + 11시간이 걸리다
	→ 한국에서 호주까지 11시간이 걸린다고요?

(1) 감기가 심해서 + 병원에 다니고 있다

→ _____

(2) 아침마다 1시간씩 + 동네를 걷다

→ _____

(3) 이사를 가면 + 고양이를 키울 것이다

→ _____

(4) 떡볶이가 + 많이 맵다

→ _____

(5) 한국 물가가 + 많이 올랐다

→ _____

4. '-는다고요?' 문법을 사용해서 빈칸에 대화를 완성하세요.

(1) A : 이번에 마이클 씨가 장학금을 받는대요.
    B : 네? (_____)?
    A : 네. 아까 선생님들이 말씀하시는 것을 들었어요.
    B : 장학금을 못 받으면 아르바이트를 해야 한다고 했는데 잘됐네요.

(2) A : 이번 주말에 이사를 할 거예요.
    B : 네? (_____)?
    A : 지금 집에서 살까 했는데 좋은 집이 나왔거든요.
    B : 축하해요. 제가 뭐 도와줄 게 있으면 얘기하세요.

(3) A : 이번 방학에는 설악산에 갈까 해요.
    B : (_____)? 혼자서요?
    A : 아직 잘 모르겠어요. 타미 씨도 같이 갈래요?
    B : 좋아요. 저도 설악산은 한 번도 안 가 봤어요. 가고 싶어요.

(4) A : 이번 주말에 홍대에 있는 햄버거 가게에 갈 거예요.
    B : 거기는 항상 자리가 없던데요.
    A : 저는 2주 전에 예약을 했거든요.
    B : (_____)? 좋겠어요.
       저는 예약할 때마다 계속 실패했어요.

CHAPTER 30 두 사람이 싸운 모양이에요

1. 문법에 맞게 바꾸세요.

(1) 수업이 끝나다
(2) 춥다
(3) 식사 중이다
(4) 힘들다
(5) 작다
(6) 짜다

\+ -는 모양이다
-은 모양이다
-ㄴ 모양이다
-인 모양이다

⇨

2. '-은/는 모양이다' 문법을 사용해서 대답하세요.

(1) 비가 오다 → _____ (사람들이 우산을 쓰다)

(2) 영화를 보다 → _____ (전화기가 꺼져 있어요)

(3) 링링 씨가 아프다 → _____ (병원에 가다)

(4) 다 낫다 → _____ (오늘은 축구를 했다)

(5) 월급을 받다 → _____ (주말에 백화점에 가다)

(6) 많이 피곤하다 → _____ (일찍 자다)

(7) 다이어트를 시작하다 → _____ (야식을 안 먹다)

(8) 일이 많다 → _____ (토요일에도 출근하다)

3. <보기>와 같이 문장을 만들어 보세요.

> **보기** 코트를 입다 + 많이 춥다
> → _코트를 입은 걸 보니 많이 추운 모양이에요._

(1) 앞자리에 앉다 + 수업 준비를 많이 하다

→ _____

(2) 전화를 안 받다 + 회의 중이다

→ _____

(3) 집에 빨리 가다 + 택배가 오다

→ _____

(4) 커피를 마시다 + 졸리다

→ _____

(5) 오자마자 냉장고를 열다 + 배가 고프다

→ _____

4. '-은/는 모양이다'를 사용해서 빈칸에 대화를 완성하세요.

(1) A : 타미 씨는 지금 뭐 해요?
   B : 인터넷에서 비행기표를 검색하고 있어요.
   A : (비행기표를 검색하다 - 집에 가다) _____.
   B : 부모님 생신이 얼마 안 남았다고 하더라고요.

(2) A : 룸메이트 때문에 정말 힘들어요.
   B : 왜요?
   A : 요즘 매일 같은 노래만 들어요. 아침부터 밤까지 같은 노래를 큰 소리로 들어서 피곤해요.
   B : (한 노래만 듣다 - 정말 좋아하다) _____.
      하지만 계속 듣는 건 정말 힘들겠네요.

(3) A : 제임스 씨가 주말에 자기 집에서 파티를 한다고 꼭 오래요.
   B : (파티를 하다 - 시험에 합격하다) _____.
   A : 입사 시험을 봤다고 했지요?
   B : 네. 걱정을 많이 하더니 잘됐네요.

(4) A : 유진 씨는 아메리카노를 마시지요?
   B : 아니요. 오늘은 라떼 큰 사이즈를 마실 거예요.
   A : (라떼를 마시다 - 밥을 안 먹다) _____.
   B : 네, 아침부터 너무 바빠서 아무것도 못 먹었더니 너무 배가 고파요.

복습 6   26과 ~ 30과

1. <보기>에 있는 어휘를 빈칸에 맞게 쓰세요.

보기					
	연애하다	적응하다	이직하다	별로	지루하다
	관련되다	최대한	추가	거리를 두다	따로

(1) 독감이 유행할 때는 사람들과 (　　　　) 앉는 것이 좋다.

(2) (　　　　　　) 때는 친구들과 연락을 안 하다가 헤어지면 연락하는 사람이 있다.

(3) 지금 회사에서 3년 정도 경력을 쌓고 좀 더 나은 회사로 (　　　　　) 것이 나의 계획이다.

(4) 비빔밥은 밥 위의 나물들을 (　　　　　) 먹는 것이 아니라 비벼서 먹는 거예요.

(5) 저의 고향은 1년 내내 따뜻합니다. 그래서 한국의 겨울 날씨에 (　　　　　) 어려웠습니다.

(6) 나는 술을 (　　　　) 안 좋아하는데 내 친구들은 모두 좋아해서 술집에 가면 주로 음료수를 마신다.

(7) 오늘 아침 강남역 근처에서 큰 화재가 발생했습니다. 긴급히 소방차가 출동해서 큰 피해를 막았습니다. 경찰은 오늘 저녁에 화재와 (　　　　　) 사람들을 조사할 예정이라고 발표했습니다.

(8) 인테리어 공사를 하는데 기간이 늘면서 (　　　　　) 비용이 발생했다.

(9) 친구가 재미있다고 해서 영화를 봤는데 너무 (　　　　　) 중간에 잠들었어요.

(10) 다들 시간이 없으니까 (　　　　　) 빨리 회의를 끝냅시다.

2. ( )에 들어갈 가장 알맞은 것을 고르세요.

(1) 그 감독의 영화라면 ( ) 재밌을 거예요.
① 만나자마자　② 들었어야 했는데　③ 찍었는데도　④ 보나 마나

(2) 지금 밖에 눈이 ( )?
① 내린다고요　② 그친다고요　③ 멈춘다고요　④ 내릴 거라고요

(3) 한 시간 전쯤 회의가 ( ).
① 시작할걸요　② 쉴걸요　③ 끝났을걸요　④ 참가했을걸요

(4) 운전하고 온다고 했는데 아직 안 오는 걸 보니까 길이 많이 ( ).
① 사고가 난 모양이에요　② 막히는 모양이에요
③ 먼 모양이에요　④ 주차하는 모양이에요

(5) 예전에 몇 번 ( ) 옷인데 한동안 안 입었어요. 혹시 마음에 들면 가져도 돼요.
① 입었던　② 샀던　③ 빌렸던　④ 가졌던

3. <보기>에 있는 문법을 사용해서 예와 같이 빈칸에 알맞게 쓰세요.

보기
-(으)나 마나　　-았던/었던　　-(으)ㄹ걸요
-다고요/는다고요　　-은/는 모양이다

예) 3일 만에 보고서를 끝낼 수는 (없을걸요).

(1) 시험 결과를 ( ) 히로 씨가 1등일 거예요.

(2) 지금까지 연락이 없는 걸 보니까 일이 잘 ( ).(해결되다)

(3) 거기는 고등학교 때 몇 번 ( ) 곳이에요. 그냥 이름만 알아요.

(4) 내일 시험이 다음 주로 ( )?(연기되다)

(5) 그 식당은 인기가 많아서 지금 가면 자리가 ( )?

4. <보기>와 같이 대화를 완성하세요.

보기
가 : 이 사람이 동생이에요?
나 : 네. 예전에 (작았던) 아이가 이렇게 자랐어요.

(1) 가 : 이 원피스 정말 예쁘지 않아요?

나 : 예쁘네요. 입어 보세요. 이 사이즈가 (   ).(맞다)

가 : 이 사이즈가 저한테 (   )? 작지 않을까요?

나 : 아니에요. 흐엉 씨는 마른 편이에요. 충분히 맞을 것 같아요.

가 : 제가 요즘 살이 쪄서 안 맞을 것 같은데…

나 : 한번 입어 보세요. 작으면 큰 사이즈로 입으면 되죠.

(2) 가 : 루이 씨, 혹시 마이클 씨를 봤어요? 수업 끝나고 만나기로 했는데 안 보이네요.

나 : 교실에 없으면 학교 앞 카페에 (   ).

가 : 카페요?

나 : 요즘 마이클 씨가 그 카페의 분위기에 푹 빠졌어요. 그래서 카페에서 공부도 하고 책도 읽어요.

가 : 저한테는 교실에서 만나자고 했어요.

나 : (   ) 약속을 잊어버리고 카페에 갔을 거예요.

(3) 가 : 요즘 롱 씨가 (   ).(연애하다)

나 : 그걸 어떻게 알아요?

가 : 전화기를 보면서 히죽히죽 웃고, 통화도 길게 해요. 전에는 여자 향수도 물어봤어요.

나 : 정말요? 혹시 여자 친구를 본 적이 있어요?

가 : 아니요. 사진만 살짝 봤어요. 그런데 물어보면 부끄러워하면서 말을 안 해요.

나 : 진짜 궁금하네요. 저녁에 맥주 한 잔 하면서 물어봐야겠어요.

5. 요즘 가족/친구 중에서 예전과 달라진 사람이 있나요? 옷차림, 먹는 습관, 좋아하는 것 등 내가 알고 있던 것과 달라진 것은 어떤 것이 있나요?
달라진 이유는 무엇일까요? 그렇게 생각하는 이유는 무엇인가요?
글을 써 보세요. (26-30과에서 배운 문법을 3개 이상 사용하기)

CHAPTER 31 어렸을 때 엄마 말씀을 잘 들었어야 했는데…

1. 문법에 맞게 바꾸세요.

| (1) 사귀다 |
| (2) 청소하다 |
| (3) 듣다 |
| (4) 가다 |
| (5) 일찍 일어나다 |
| (6) 서두르다 |

+ -았어야 했는데 / -었어야 했는데 / -했어야 했는데 ⇒

2. '-았/었어야 했는데' 문법을 사용해서 대답하세요.

(1)	케이크를 샀어요?	→ 아니요.	(미리 사다)
(2)	허리를 다쳤어요?	→ 네.	(좀 더 조심하다)
(3)	늦잠을 잤어요?	→ 네.	(알람을 끄지 말다)
(4)	비행기표를 샀어요?	→ 아니요.	(일찍 예매하다)
(5)	휴대폰을 놓고 왔어요?	→ 네.	(확인하다)
(6)	숙제를 못했어요?	→ 네.	(미리 하다)
(7)	안내 방송을 못 들었어요?	→ 네.	(안내 방송을 잘 듣다)
(8)	감기에 걸렸어요?	→ 네.	(에어컨을 끄고 자다)

3. <보기>와 같이 문장을 만들어 보세요.

> **보기** 일찍 가서 청소하다 + 늦게 가서 방을 치우지 못했어요
> → _일찍 가서 청소했어야 했는데 늦게 가서 방을 치우지 못했어요._

(1) 연락하다 + 못해서 미안해요

→ _____

(2) 난방을 끄다 + 아침에 바빠서 깜박했어요

→ _____

(3) 화를 내지 말다 + 참지 못했어요

→ _____

(4) 그때 말을 하다 + 당황해서 아무 말도 못 했어요

→ _____

(5) 매일 운동하다 + 운동을 안 해서 건강이 나빠졌어요

→ _____

4. '-았/었어야 했는데' 문법을 사용해서 빈칸에 대화를 완성하세요.

(1) A : 전화 올 곳이 있어요? 왜 계속 휴대폰을 봐요?
    B : 친구가 저 때문에 화가 나서 전화를 안 받아요.
    A : 무슨 일이 있었어요?
    B : 제가 오해를 해서 친구에게 안 좋은 말을 했어요.
       그때 (   ) 참지 못하고 소리를 질렀어요.

(2) A : 아까 선생님이 왜 부르셨어요?
    B : 지각을 많이 해서 무슨 일이 있냐고 물으셨어요.
    A : 정말 무슨 안 좋은 일이 있어요?
    B : 아니요. 밤에 게임을 하거든요. (   ) 게임 때문에 자꾸 늦게 자고 늦게 일어나요.

(3) A : 루루 씨, 인터넷 쇼핑에서 반품하는 방법을 알아요?
    B : 네. 뭘 잘못 샀어요?
    A : 옷을 샀는데 사이즈가 안 맞아요. 사기 전에 (   ) 그냥 결제를 했어요.
    B : 저도 그런 적이 있어요. 사이트에 들어가 보세요.

(4) A : 내일 건강 검진 하는 거 잊지 않았지요?
    B : 저는 내일 못 해요.
    A : 왜요?
    B : 조금 전에 야식을 먹었어요. (   ) 너무 배가 고파서 못 참고 치킨을 먹어서 할 수 없어요.

CHAPTER 32 히로 씨 말을 듣고 보니 이해가 되네요

1. 문법에 맞게 바꾸세요.

(1)	듣다		
(2)	말하다		
(3)	알다	+ -고 보니(까) ⇨	
(4)	사다		
(5)	생각하다		
(6)	제출하다		

2. '-고 보니까' 문법을 사용해서 대답하세요.

(1) 새로 산 노트북은 어때요? →

(2) 머리를 염색하니까 어때요? →

(3) 유학을 오니까 어때요? →

(4) 지하철 환승은 잘 했어요? →

(5) 사진은 잘 찍었어요? →

(6) 지금 마시는 게 커피 맞아요? →

(7) 친구하고 이야기는 잘 했어요? →

(8) 버스를 제대로 탔어요? →

3. <보기>와 같이 문장을 만들어 보세요.

> **보기** 식당에서 나오다 + 우산을 놓고 왔다
> → 식당에서 나오고 보니까 우산을 놓고 왔어요.

(1) 신발을 신다 + 친구의 신발이었다

→ _____

(2) 신청서를 제출하다 + 서류를 잘못 내서 다시 제출했다

→ _____

(3) 친구의 말을 듣다 + 친구의 마음이 이해가 됐다

→ _____

(4) 약을 사다 + 집에 약이 있었다

→ _____

(5) 지하철을 타다 + 핸드폰을 놓고 온 것을 알았다

→ _____

4. '-고 보니까' 문법을 사용해서 빈칸에 대화를 완성하세요.

(1) A : 왜 택배를 다시 포장해요?
    B : 아무 생각 없이 (　　　　　　) 제 택배가 아니라 옆집 택배예요.
    A : 어머 그래요?
    B : 얼른 옆집 문 앞에 놓고 와야겠어요.

(2) A : 아까 왜 친구들이 웃었어요?
    B : (　　　　　　) 제가 옷을 거꾸로 입고 있었어요.
    A : 옷을 거꾸로 입은 것을 몰랐어요?
    B : 늦잠을 자서 아무거나 입고 급하게 나왔거든요.

(3) A : 이번 주에 부모님이 오신다고 하셨지요?
    B : 아니요. 저는 그렇게 생각했는데 엄마랑 (　　　　　　) 제가 날짜를 착각했어요.
    A : 그럼 여행 예약한 것도 다 바꿔야 해요?
    B : 아니요. 다행히 그건 제대로 했어요.

(4) A : 사장님, 제가 조금 전에 음식을 주문했는데 바꿀 수 있을까요?
    B : 잠깐만요. 확인 좀 할게요. (잠시 후) 네, 가능합니다.
    A : 족발은 큰 것을 작은 것으로 바꿔 주시고 계란찜 하나 추가요.
       (　　　　　　) 계란찜 주문하는 것을 깜박했어요.
    B : 네, 알겠습니다. 감사합니다.

CHAPTER 33 손을 깨끗하게 씻지 않으면 안 된대요

1. 문법에 맞게 바꾸세요.

(1) 마음에 들다
(2) 일찍 오다
(3) 먹다   + -지 않으면 안 되다 ⇨
(4) 확인하다
(5) 똑같다
(6) 붙이다

2. '-지 않으면 안 되다' 문법을 사용해서 대답하세요.

(1) 공연 티켓을 사려면 어떻게 해요? →
(2) 시험에 합격하려면 어떻게 해요? →
(3) 말하기를 잘하려면 어떻게 해요? →
(4) 밤에 잘 자려면 어떻게 해요? →
(5) 키가 크려면 어떻게 해요? →
(6) 살을 빼려면 어떻게 해야 할까요? →
(7) 운전을 하려면 어떻게 해야 해요? →
(8) 친구와 화해하려면 어떻게 해야 해요? →

3. <보기>와 같이 문장을 만들어 보세요.

> **보기** 출입국 외국인청에 가려면 + 인터넷으로 미리 예약하다
> → 출입국 외국인청에 가려면 인터넷으로 미리 예약하지 않으면 안 돼요.

(1) 비자 받기 전에 + 여권을 만들다

→ _____

(2) 집에서 나올 때 + 다시 한번 확인하다

→ _____

(3) 차를 탈 때 + 벨트를 매다

→ _____

(4) 친구들을 집에 초대하려면 + 미리 집을 청소하다

→ _____

(5) 쇼핑몰에서 물건을 사려면 + 회원 가입을 하다

→ _____

4. '-지 않으면 안 되다' 문법을 사용해서 빈칸에 대화를 완성하세요.

(1) A : 선생님, 방학 동안 회사에서 인턴을 하려면 어떻게 해야 해요?
    B : 토픽 점수를 (   ).
    A : 몇 급을 받아야 해요?
    B : 적어도 3급 이상이 되면 인턴에 지원할 수 있을 거예요.

(2) A : 연휴에 부산에 갈 때 기차로 가는 게 어때요?
    B : 좋아요. 그런데 KTX를 타려면 미리 (   ).
    A : 아직 3주나 남았는데 벌써 예매를 해야 해요?
    B : 연휴에는 표가 없을 수 있어요. 그러니까 미리 예매하는 것이 좋아요.

(3) A : 롱 씨, 커피를 많이 마시네요?
    B : 오늘 과제 때문에 밤을 새워야 하거든요. 저는 밤을 새울 때 (   ).
    A : 과제도 좋지만 커피를 좀 줄이세요.
    B : 네, 고마워요.

(4) A : 마이클 씨, 요즘 왜 이렇게 바빠요?
    B : 요즘 K-pop 춤을 배우고 있어요.
    A : 일주일에 몇 번 배워요?
    B : 두 번이요. 하지만 저는 처음 배우는 것이기 때문에 (   ). (매일 연습하다)

CHAPTER 34 설악산 단풍이 정말 볼만해요

1. 문법에 맞게 바꾸세요.

(1)	먹다
(2)	살다
(3)	듣다
(4)	만들다
(5)	사다
(6)	여행하다

\+ -(으)ㄹ 만하다 ⇨

2. '-(으)ㄹ 만하다' 문법을 사용해서 대답하세요.

(1)	냉면이 어때요?	→
(2)	기숙사에서 사는 것이 어때요?	→
(3)	한국어를 배우는 것이 어때요?	→
(4)	요즘 괜찮은 음악 좀 추천해 주세요.	→
(5)	학교 근처에 갈 만한 곳이 어디예요?	→
(6)	고향 친구에게 추천할 한국 음식이 뭐예요?	→
(7)	이 책이 어때요?	→
(8)	자기가 만든 음식 맛이 어때요?	→

3. <보기>와 같이 문장을 만들어 보세요.

> **보기** 반려견을 키우는 것이 어때요? + 좋다, 키우다
> → _좋아요. 키울 만해요._

(1) 스키는 처음인데 어때요? + 타다

→ _____

(2) 학생 식당이 어때요? + 먹다

→ _____

(3) 식혜가 어때요? + 마시다

→ _____

(4) 남이섬이 어때요? + 가다

→ _____

(5) 한국에서 운전하는 것이 어때요? + 운전하다

→ _____

4. '-(으)ㄹ 만하다' 문법을 사용해서 빈칸에 대화를 완성하세요.

(1) A : 마리 씨, 한국에서 생활하는 게 어때요?
　　B : 좋아요. (　　　　　　　　　　　　　　).
　　A : 어떤 것이 좋아요?
　　B : 안전하고 깨끗해서 좋아요. 그리고 음식도 입에 맞아요.

(2) A : 카밀라 씨, 주말에 뭐 했어요?
　　B : 혼자 속초에 다녀왔어요.
　　A : 혼자요? 심심하지 않았어요?
　　B : 아니요. 혼자도 (　　　　　　　　　　　　　　). 바다도 보고 맛있는 음식도 먹고 재미있었어요.

(3) A : 요즘 재미있는 영화나 드라마가 있어요?
　　B : 글쎄요. 저는 영화나 드라마보다 뉴스를 더 자주 봐요.
　　A : 뉴스는 어렵지 않아요?
　　B : 어려워요. 하지만 날씨 뉴스는 (　　　　　　　　　　　　　　). 아는 단어와 문법이 나와서 좋아요.

(4) A : 꽃꽂이가 정말 예쁘네요. 한나 씨가 한 거예요?
　　B : 네. 어제 만든 거예요.
　　A : 꽃꽂이 하는 거 어렵지 않아요?
　　B : 아니요. (　　　　　　　　　　　　　　). 저는 꽃꽂이를 하면 스트레스가 풀려요.
　　　 한번 배워 보세요.

CHAPTER 35 싸기는커녕 바가지를 씌우는 것 같아요

1. 문법에 맞게 바꾸세요.

(1) 자다
(2) 먹다
(3) 팔다
(4) 맵다
(5) 재미있다
(6) 조용하다

+ -기는커녕 ⇨

2. '-기는커녕' 문법을 사용해서 대답하세요.

(1) 새로 나온 게임이 어려워요? → _____ (어렵다 / 정말 쉽다)

(2) 음식이 좀 짜지요? → _____ (짜다 / 조금 싱겁다)

(3) 밖에 눈이 와요? → _____ (눈이 오다 / 맑다)

(4) 버스를 오래 기다렸어요? → _____ (기다리다 / 바로 타다)

(5) 점심 먹었어요? → _____ (먹다 / 아침도 굶다)

(6) 친구는 잘 만났어요? → _____ (만나다 / 한 시간 동안 기다리다)

(7) 새로 산 밥통이 편해요? → _____ (편하다 / 사용법이 어렵다)

(8) 셔츠가 어때요? 커요? → _____ (크다 / 작다)

98 | 참 즐거운 한국어

3. <보기>와 같이 문장을 만들어 보세요.

> **보기** 지하철역에서 집까지 + 멀다 / 생각보다 가깝다
> → _지하철역에서 집까지 멀기는커녕 생각보다 가까워요._

(1) 음식 양이 많다 + 조금 부족하다

→ _____

(2) 어제 날씨가 덥다 + 춥다

→ _____

(3) 커피를 마시다 + 카페에 가지도 못했다

→ _____

(4) 남자/여자 친구를 사귀다 + 소개팅도 못 했다

→ _____

(5) 주말에 쉬다 + 집안일로 바빴다

→ _____

4. '-기는커녕' 문법을 사용해서 빈칸에 대화를 완성하세요.

(1) A : 이번 방학에 여행을 갈 거예요?
    B : 아니요. (　　　　　　　　　　) 시험 공부를 해야 해요.
    A : 무슨 시험이요?
    B : 토픽 시험을 신청했거든요. 그래서 공부를 해야 해요.

(2) A : 어제 데이트는 잘 했어요?
    B : 아니요. (　　　　　　　　　　) 싸우고 그냥 집에 왔어요.
    A : 1주년 기념일이라고 선물도 샀잖아요.
    B : 네. 저는 준비를 했는데 남자 친구는 기억도 못 하더라고요.

(3) A : 설악산 단풍 구경 잘 했어요?
    B : (　　　　　　　　　　) 가지도 못했어요.
    A : 왜요? 1박 2일로 가지 않았어요?
    B : 맞아요. 그런데 친구가 다리를 다쳐서 깁스를 했어요. 그래서 예약한 것을 다 취소했어요.

(4) A : 우리 점심에 닭갈비를 먹을까요?
    B : 미안해요. 저는 같이 먹을 수가 없어요.
    A : 왜요? 다른 약속이 있어요?
    B : 아니요. 목이 너무 아파서 (　　　　　　　　　　) 물도 삼키는 것도 힘들어요.

복습 7 — 31과 ~ 35과

1. <보기>에 있는 어휘를 빈칸에 맞게 쓰세요.

보기	바가지를 씌우다	폭발하다	대출	밤낮없이	자세를 바로 하다
	급속충전	중간에 끊다	모르는 척하다	추천하다	다행이다

(1) 그 정치인은 다른 정치인이 발표를 할 때 (　　　) 자신의 말을 하는 예의없는 태도를 보였다.

(2) 길을 가는데 전화기 배터리가 부족해서 편의점에서 (　　　)을/를 했다.

(3) 제주도는 화산이 (　　　) 만들어진 섬이다.

(4) 발표 준비를 다 못 했는데 (　　　) 것은 오늘 휴강이 되었다는 것이다.

(5) 소방관, 경찰관들은 시민들의 안전을 위해서 (　　　) 일하고 있다.

(6) 외국인은 한국인보다 (　　　)을/를 받는 것이 어렵다.

(7) 너무 피곤해서 (　　　) 노약자석에 앉아서 간 적이 있다.

(8) 예전에는 시장에서 외국인에게 (　　　) 경우가 있었는데 요즘은 많이 줄었다고 한다.

(9) 한국 친구가 (　　　) 식당은 내 입에 딱 맞았다.

(10) 의자가 아니라 바닥에 앉을 때는 (　　　) 것이 너무 어렵다.

2. ( )에 들어갈 가장 알맞은 것을 고르세요.

(1) 저녁을 ( ) 점심도 못 먹었어요.
　① 먹기는커녕　　② 먹으려고 했는데　　③ 먹고 보니　　④ 먹도록

(2) 백신 주사가 아프긴 했지만 ( ).
　① 참을 모양이에요　② 참을 만했어요　③ 얼마나 참는지 몰라요　④ 참을 뻔했어요

(3) 음식을 많이 ( ) 부족해서 배달을 시켰어요.
　① 만들었는데　　② 먹도록　　③ 시킬까 봐　　④ 준비할 뻔 했는데

(4) 시력이 나빠져서 안경을 ( ).
　① 쓸 만했어요　② 얼마나 쓰는지 몰라요　③ 쓰지 않으면 안 돼요　④ 써져요

(5) ( ) 밍밍 씨랑 저랑 초등학교 동창이었어요.
　① 알았더니　　② 알던　　③ 알더니　　④ 알고 보니

3. <보기>에 있는 문법을 사용해서 예와 같이 빈칸에 알맞게 쓰세요.

보기		
-았어야/었어야 했는데		-고 보니
-기는커녕	-지 않으면 안 되다	-(으)ㄹ 만하다

예) 설악산 단풍이 정말 (볼 만해요).

(1) 이 가게의 고추장 불고기는 많이 맵지 않아서 루이 씨도 ( ).

(2) 영화가 ( ) 지루해서 중간부터 잤어요.

(3) 숙제를 미리 ( ) 게임하느라고 시간이 지난 줄 몰랐어요.

(4) 건강이 나빠졌기 때문에 술과 담배를 ( ).

(5) 문제가 이해가 안 됐는데 설명을 ( ) 이해가 됐어요.

4. <보기>와 같이 대화를 완성하세요.

보기
가 : 이 가게는 비싸지 않아요?
나 : 아니요. (비싸기는커녕) 물건 종류도 많고 가격도 합리적이에요.

(1) 가 : 방학에 제주도에 잘 다녀왔어요?

　　나 : 아니요. 제주도에 (　　　　　) 비행기도 못 탔어요.

　　가 : 왜요? 준비를 많이 했잖아요.

　　나 : 맛집이랑 숙소랑 여행 스케줄을 다 짜 놓았어요. 그런데 가장 중요한 비행기표를 (　　　　　) 그걸 잊었어요.

　　가 : 정말 비행기표를 못 사서 못 간 거예요?

　　나 : 네. 휴가철이라서 비행기표가 없더라고요. 그래서 못 갔어요.

(2) 가 : 선생님, 저 빵 하나만 먹어도 돼요?

　　나 : 안 돼요. 건강 검진이 끝날 때까지 (　　　　　)(굶다).

　　가 : 그냥 빵 한 개도 안 돼요? 어제부터 굶었더니 너무 배고파요.

　　나 : 빵을 (　　　　　) 물 한 잔도 안 돼요.

　　가 : 건강 검진은 언제쯤 끝나요? 자꾸 여쭤봐서 죄송해요.

　　나 : 이제 하나만 더 하면 끝나요. 20분 정도만 기다리세요.

(3) 가 : 방학 때 인턴 생활을 했다면서요? 어땠어요?

　　나 : 시작하기 전에는 멋진 직장인의 모습을 상상했어요. 그런데 일을 (　　　　　) 하루하루가 정신없이 바빴어요.

　　가 : 인턴도 일이 많아요?

　　나 : 일단 저의 한국어 실력이 많이 부족하다는 것을 느꼈어요. 그래서 다시 (　　　　　)(확인하다).

　　가 : 같이 일하는 사람들은 어땠어요?

　　나 : 예쁘게 봐주고 친절하게 대해 줘서 그건 참 좋았어요.

5. 지금까지 살면서 후회되는 일이 있나요? 어떤 일이에요? 왜 후회가 돼요?
그것을 해서 후회가 돼요, 안 해서 후회가 돼요? 글을 써 보세요.
(31-35과에서 배운 문법을 3개 이상 사용하기)

CHAPTER 36 매일 운동하기

1. 문법에 맞게 바꾸세요.

(1)	쓰다		
(2)	말하다		
(3)	사다	+ -기 ⇨	
(4)	배우다		
(5)	기다리다		
(6)	걷다		

2. '-기' 문법을 사용해서 대답하세요.

(1) 한국어 공부 중에서 무엇이 쉬워요? →

(2) 올해의 목표가 뭐예요? →

(3) 오늘 할 일이 뭐예요? →

(4) 뭐 하는 것을 좋아해요? →

(5) 뭐 하는 것을 싫어해요? →

(6) 집안일 중에서 잘하는 일이 뭐예요? →

(7) 집안일 중에서 하기 어려운 일이 뭐예요? →

(8) 한국어 공부 중에서 무엇이 어려워요? →

3. <보기>와 같이 문장을 만들어 보세요.

보기 취미가 뭐예요? + 수영하다 → __제 취미는 수영하기예요.__

(1) 매일 화장해요? + 네. 하지만 매일 화장하다, 귀찮아요
  → _____

(2) 아침마다 뭐 해요? + 운동장에서 달리다
  → _____

(3) 요리하는 것과 설거지하는 것 중에 무엇을 좋아해요? + 요리하다
  → _____

(4) 올해부터 매일 하는 일이 있어요? + 일기 쓰다
  → _____

(5) 새로 시작한 취미가 있어요? + 그림 그리다
  → _____

4. '-기' 문법을 사용해서 빈칸에 대화를 완성하세요.

(1) A : 마이클 씨는 화장실 청소하는 것과 쓰레기를 버리는 것 중에서 어떤 것이 더 좋아요?
   B : 저는 (_____).
   A : 그럼 설거지 하는 것과 빨래하고 개는 것은요?
   B : (_____).
   A : 그럼 앞으로 제가 (_____)와 (_____)를 할 테니까 마이클 씨는
      (_____)와 (_____)를 하세요.

(2) A : 올해부터 새로 시작한 일이 있어요?
   B : 네. (_____).
   A : 매일 일기를 쓰고 있어요?
   B : 그럼요. 가끔 귀찮을 때도 있지만 저와의 약속이기 때문에 지키려고 노력하고 있어요.

(3) A : 한국에 올 때 부모님과 약속한 것이 있어요?
   B : 네. (_____) 그리고 (_____).
   A : 이번 학기에 장학금을 받았지요? 정말 대단해요.
   B : 고마워요. 그리고 매일 전화 통화도 해요. 매일 전화하니까 예전보다 부모님과 더 가까워진 것 같아요.

(4) A : 마리 씨는 아침을 시작할 때 하는 일이 있어요?
   B : 네. 창밖을 보면서 (_____)예요.
   A : 무슨 차를 마셔요?
   B : 기분에 따라 달라요. 요즘은 허브차를 마시고 있어요.

CHAPTER 37 아이라고 해서 다 잘 우는 것은 아니에요

1. 문법에 맞게 바꾸세요.

(1) 외국 사람		김치를 못 먹다		
(2) 뚱뚱하다		운동을 못하다		
(3) 운전면허증이 있다	+ -(이)라고 해서 다 / -(는/ㄴ)다고 해서 다	차가 있다	+	-(으)ㄴ/는 것은 아니에요
(4) 싸다		품질이 나쁘다		
(5) 많이 먹다		살이 찌다		

(1) _____

(2) _____

(3) _____

(4) _____

(5) _____

2. '-(이)라고 해서 다 -(으)ㄴ/는 것은 아니에요' 문법을 사용해서 대답하세요.

(1) 남자들은 모두 게임을 좋아해요? → _____

(2) 키가 작은 사람은 다 농구를 못할까요? → _____

(3) 커피를 마시면 잠을 못 자지요? → _____

(4) 케이크는 모두 달지요? → _____

3. <보기>와 같이 문장을 만들어 보세요.

보기   엄마 + 모두 요리를 잘하다 → _엄마라고 해서 모두 요리를 잘하는 것은 아니에요._

(1) 운동선수 + 모든 운동을 잘하다

→ _____

(2) SNS에서 유명한 집 + 모두 음식이 맛있다

→ _____

(3) 기타를 배우다 + 기타리스트가 되다

→ _____

(4) 유행하는 옷을 입다 + 잘 어울리다

→ _____

(5) 날씨가 춥다 + 등산을 안 하다

→ _____

4. '-(이)라고 해서 다 -(으)ㄴ/는 것은 아니에요' 문법을 사용해서 빈칸에 대화를 완성하세요.

(1) A : 지은 씨는 아침에 밥을 먹어요?
B : 아니요. 저는 빵과 커피를 먹어요.
A : 한국 사람들은 아침에 밥을 먹지 않아요?
B : (   ).

(2) A : 히로 씨도 초밥을 좋아하지요?
B : 아니요. 저는 초밥을 즐겨 먹지 않아요. (   ).
A : 일본 사람들은 모두 초밥을 좋아한다고 생각했어요.
B : 제 친구들 중에도 초밥을 별로 안 좋아하는 사람이 있어요.

(3) A : 휴가 때 어디에 갔어요?
B : 저는 속초에 다녀왔어요. 속초에서 바다도 구경하고 맛있는 음식도 먹고 호텔에서 푹 쉬었어요.
A : 바다에서 수영도 했어요?
B : 아니요. 저는 수영을 좋아하지 않아요. (   ).
수영하는 것보다 바닷가를 산책하는 것을 더 좋아해요.

(4) A : 지은 씨는 대학에서 무엇을 공부했어요?
B : 저는 물리학을 전공했어요.
A : 물리학이요? 그런데 왜 무역 회사에 취직했어요?
B : (   ). 저는 물리학을 전공했지만 재미가 없었어요.
그래서 경제학과 수업을 더 많이 들었고, 지금 일도 재미있어요.

CHAPTER 38 집에 일이 있는 척하고 일찍 왔어

1. 문법에 맞게 바꾸세요.

(1) 바쁘다
(2) 자다
(3) 일하다
(4) 학생이다
(5) 춥다
(6) 재미있다

\+ -은/는 척하다 ⇨

2. '-은/는 척하다' 문법을 사용해서 대답하세요

(1) 부모님의 잔소리가 듣기 싫을 때는 어떻게 해요? →

(2) 모임에 나가기 싫을 때는 어떻게 해요? →

(3) 회사 상사가 재미없는 이야기를 할 때는 어떻게 해요? →

(4) 안 친한 친구가 돈을 빌려달라고 하면 어떻게 해요? →

(5) 친구의 선물이 마음에 들지 않을 때는 어떻게 해요? →

(6) 혼자 있고 싶을 때는 어떻게 해요? →

(7) 모르는 사람이 지하철에서 물건을 사라고 하면 어떻게 해요? →

3. <보기>와 같이 문장을 만들어 보세요.

> **보기** 어렸을 때 심부름하기 싫다 + 아프다
> → _어렸을 때 심부름하기 싫어서 아픈 척했어요._

(1) 모르는 사람이 자꾸 벨을 누르다 + 집에 아무도 없다

→ _____

(2) 길에서 다른 사람의 질문을 받기 싫다 + 이어폰을 끼고 음악을 듣다

→ _____

(3) 고등학교 때 체육을 하기 싫다 + 배가 아프다

→ _____

(4) 중학교 때 시험을 못 봤다 + 부모님께 성적표를 안 받다

→ _____

(5) 먹기 싫다 + 배부르다

→ _____

4. '-은/는 척하다' 문법을 사용해서 빈칸에 대화를 완성하세요.

(1) A : 어제 축구를 했어요?
    B : 아니요. 축구를 하기 싫어서 (   ).
    A : 하기 싫을 때는 그냥 싫다고 말하면 안 돼요?
    B : 항상 같이 하는 친구들인데 '싫다'고 말하는 것이 왠지 미안해서요.

(2) A : 어제 요즘 유명한 카페에 다녀왔다고 들었어요. 어땠어요?
    B : 여자 친구는 좋아했는데 제 취향은 아니었어요.
    A : 그럼 일찍 나왔어요?
    B : 아니요. 여자 친구가 너무 좋아해서 저도 (   ).

(3) A : 전화기가 고장 났다고 들었어요. 벌써 고친 거예요?
    B : 전화기가 고장 나지 않았어요. 어제 전화를 받기 싫어서 (   ).
    A : 둘이 싸웠어요?
    B : 아니요. 그냥 모든 것이 귀찮아서 그랬어요. 하지만 그 친구에게는 사실을 말하지 못했어요.

(4) A : 어렸을 때 자주 한 거짓말이 있어요?
    B : 거짓말은 아니고요. 약을 먹기 싫어서 (   ).
    A : 약은 개수가 있잖아요.
    B : 그래서 (   )-(으)면서 삼키지 않고 몰래 버렸어요.

CHAPTER 39
어려워도 계속 읽다 보면 이해할 수 있을 거예요

1. 문법에 맞게 바꾸세요.

(1) 먹다
(2) 듣다
(3) 말하다
(4) 정리하다
(5) 입다
(6) 신다

+ **-다 보면** ⇨

2. '-다 보면' 문법을 사용해서 대답하세요.

(1) 새 신발이 조금 불편해요. → _____ (몇 번 신다 - 익숙해지다)

(2) 알약을 먹는 것이 힘들어요. → _____ (먹다 - 힘들지 않다)

(3) 한국의 겨울은 너무 추워요. → _____ (살다 - 적응하다)

(4) 한국어로 발표하는 것이 너무 어려워요. → _____ (계속 연습하다 - 잘 할 수 있다)

(5) 클래식을 들으면 졸려요. → _____ (자주 듣다 - 클래식의 매력을 알다)

(6) 운동을 처음 시작하려는데 뭐가 좋을까요? → _____ (걷기를 매일 하다 - 건강해지다)

(7) 사진을 잘 찍고 싶어요. → _____ (많이 찍다 - 잘 찍게 되다)

3. <보기>와 같이 문장을 만들어 보세요.

보기 매일 늦잠을 자다 + 늦잠이 습관이 되다 → 매일 늦잠을 자다 보면 늦잠이 습관이 될 거예요.

(1) 매일 탄산음료를 마시다 + 건강이 나빠지다

→ _____

(2) 매일 웃다 + 표정이 달라지다

→ _____

(3) 하루에 30분씩 운동하다 + 건강해지다

→ _____

(4) 랩을 따라하다 + 가사를 외우다

→ _____

(5) 매일 일기를 쓰다 + 쓰기 실력이 늘다

→ _____

4. '-다 보면' 문법을 사용해서 빈칸에 대화를 완성하세요.

(1) A : 커피 한 잔 할래요?
    B : 저는 좋지만 마리 씨는 오전에 여러 잔 마시지 않았어요?
    A : 네. 이번까지 마시면 네 잔째예요. 어제 잠을 못 자서 머리가 멍하거든요.
    B : 이렇게 커피를 많이 (　　　　　　) 오늘도 잠을 못 잘 거예요.
        이번에는 다른 차 종류를 마시는 게 어때요?

(2) A : 숙제 다 했어요?
    B : 아니요. 아까 점심 먹고 하려고 했는데 너무 하기 싫어서 게임 한 번 하고 하려고요.
    A : 그렇게 자꾸 (　　　　　　) 숙제를 못 할 거예요.
    B : 이상하게 오늘은 숙제가 하기 싫네요.

(3) A : 이제 뭐 할 거예요?
    B : 점심을 먹으니까 너무 졸리네요. 낮잠을 자야겠어요.
    A : 매일 (　　　　　　) 습관이 되어서 취직한 후에도 고치기 힘들어져요.
    B : 에이. 지금 잠깐 자는 것 뿐이에요.

(4) A : 카밀라 씨는 핸드폰을 어디에서 많이 봐요?
    B : 저는 침대에서 많이 봐요.
    A : 저도 그런 편이에요. 그런데 기사를 보니까 침대에 누워서 핸드폰을 오래 (　　　　　　)
        눈과 목이 나빠질 수 있대요.
    B : 그래요? 그럼 시간을 좀 줄여야겠네요.

CHAPTER 40 다리가 아파서 걸을 수 없을 정도야

1. 문법에 맞게 바꾸세요.

(1) 배가 아프다   많이 먹었어요

(2) 못 걷다   + -(으)ㄹ 정도로 ⇨ 눈이 많이 와요   +

(3) 안 들리다   소리가 작아요

(4) 너무 기뻐서 눈물이 나다

(5) 너무 매워서 입이 아프다   ⇨

(6) 비가 너무 많이 와서 우산이 필요 없다

2. '-(으)ㄹ 정도로/-(으)ㄹ 정도예요' 문법을 사용해서 대답하세요.

(1) 오늘 날씨가 많이 추워요? → 네, _____ (손이 얼다)

(2) 음식이 짜요? → _____ (물을 세 컵이나 마시다)

(3) 영화가 어때요? → _____ (잠을 못 자다-무섭다)

(4) 레몬 맛이 어때요? → _____ (입에 침이 고이다-시다)

(5) 그 드라마를 얼마나 좋아해요? → _____ (대사를 다 외우다)

(6) 영화가 얼마나 재미있어요? → _____ (배가 아프다-웃다)

(7) 연극이 어땠어요? → _____ (하품이 나오다-재미없다)

(8) 작년 여름에 많이 더웠어요? → 네, _____ (하루에 세 번 샤워하다)

3. <보기>와 같이 문장을 만들어 보세요.

보기	다리가 붓다 + 오래 서 있었다 → 다리가 부을 정도로 오래 서 있었어요.

(1) 걷지 못하다 + 다리가 아프다

→ _____

(2) 귀가 아프다 + 잔소리를 많이 하다

→ _____

(3) 숟가락도 들지 못하다 + 힘이 없다

→ _____

(4) 불쾌하다 + 화가 나다

→ _____

(5) 재시험을 봐야 하다 + 시험을 못 보다

→ _____

4. '-(으)ㄹ 정도로/-(으)ㄹ 정도예요' 문법을 사용해서 빈칸에 대화를 완성하세요.

(1) A : 무슨 일 있어요? 기운이 없어 보여요.
　　B : 네, 병원에 다녀왔어요.
　　A : 병원에 가는 거 아주 싫어하잖아요. 많이 아팠어요?
　　B : 네. 웬만하면 참으려고 했어요. 하지만 (　　　　　　　　　　) 몸이 안 좋았어요.
　　　　그래서 주사도 맞고 약도 받았어요. 빨리 집에 가서 쉬어야겠어요.

(2) A : 이번 여름은 정말 덥네요.
　　B : 맞아요. 저는 땀이 많지 않은 편인데 요즘은 (　　　　　　　　　　) 땀이 많이 나요.
　　A : 저도 아침 저녁으로 샤워를 하고 있어요.
　　B : 빨리 여름이 지나갔으면 좋겠어요.

(3) A : 뭐해요? 이사를 갈 거예요?
　　B : 네. 윗집이 시끄러워서 살 수가 없어요.
　　A : 얼마나 시끄럽길래 그래요?
　　B : 한밤중에도 큰소리로 노래를 부르고 쾅쾅 뛰어요. 밤에 (　　　　　　　　　　).
　　　　얼마나 시끄러운지 몰라요. 그래서 이사를 가려고요.

(4) A : 저는 여름밤에 공포 영화 보는 것을 좋아해요. 롱 씨도 같이 볼래요?
　　B : 아니요. 저는 공포 영화를 싫어해요. 어렸을 때 공포 영화를 봤는데 너무 무서워서
　　　　(　　　　　　　　　　)(꿈에 나오다).
　　A : 하긴, 어렸을 때의 충격이 오래 가죠.
　　B : 결말을 알아도 못 보겠더라고요.

복습 8   36과 ~ 40과

1. <보기>에 있는 어휘를 빈칸에 맞게 쓰세요.

보기					
	향수병	분리되다	어색하다	넓히다	잔소리
	선명하다	화소	버킷리스트	눈코 뜰 새 없다	당장

(1) 중간시험과 발표 준비로 요즘 (　　　　).

(2) 한국에 온 지 3개월쯤 됐을 때 (　　　)이/가 심해서 매일 엄마에게 전화하면서 울었어요.

(3) 늦잠을 자서 5분 만에 나왔어요. 사람들이 쳐다봐서 거울을 보니까 뺨에 베개 자국이 (　　　) 나 있었어요.

(4) 한국에 오기 전에 한국에서 꼭 하고 싶은 (　　　)을/를 만들었어요.

(5) 기차 시간에 늦을 것 같아요. 지금 (　　　) 나가야 해요.

(6) 요즘 휴대 전화는 카메라의 성능에 신경을 많이 쓴다. 그래서 높은 (　　　)의 제품이 많이 나왔다.

(7) 마요네즈를 냉장고에 넣어 두었더니 기름이 (　　　　).

(8) 내 룸메이트는 (　　　)이/가 심해서 엄마하고 같이 사는 것 같아요.

(9) 친구와 싸운 후 일주일 만에 만났어요. 서로 (　　　) 미소를 지으면서 인사했어요.

(10) 요즘 아파트는 방을 작게 하고 거실을 (　　　) 것이 유행이라고 해요.

2. ( )에 들어갈 가장 알맞은 것을 고르세요.

(1) 영화배우라고 해서 다 ( ) 것은 아니에요.
　① 연기를 잘하는　　② 노래를 잘하는　　③ 운동을 잘하는　　④ 글을 잘 쓰는

(2) 운동하기 싫어서 다리를 ( ).
　① 깁스할 만했어요　② 나을 걸 그랬어요　③ 다친 척했어요　④ 부을 걸요

(3) 녹차가 처음에는 맛이 없어도 자주 ( ) 그 매력을 알게 될 거예요.
　① 마시다 보면　　② 먹기는 커녕　　③ 마시기 때문에　　④ 먹었더니

(4) 저의 취미는 ( )예요. 그래서 매주 미술관에 가요.
　① 연극보기　　② 그림 감상하기　　③ 야구 관람하기　　④ 영화보기

(5) 어제 허리가 ( ) 오래 잤어요.
　① 아프기는 커녕　② 아프고 보니　③ 아플 정도로　④ 아프다 보면

3. <보기>에 있는 문법을 사용해서 예와 같이 빈칸에 알맞게 쓰세요.

보기		
-기		-(이)라고 해서 다 -은/는 것은 아니다
-은/는 척하다	-다 보면	-을 정도로/정도이다

예 다리가 아파서 (걸을 수 없을 정도예요).

(1) 제가 산낙지를 먹으면 한국 사람들이 신기해해요. ( )이라고 해서 다 산낙지를 ( ) 것은 아니에요.

(2) 뉴스는 너무 어려워요. 하지만 자주 ( ) 가끔 아는 말이 들릴 때가 있어요.

(3) 그 소설은 내용을 다 ( ) 많이 읽었어요.

(4) 매일 화장하는데 일이 많은 날은 ( ) 너무 귀찮아요.

(5) 모임에 가기 싫어서 약속이 ( ).

4. <보기>에 있는 문법을 사용해서 대화를 완성하세요.

보기
가 : 오늘 늦는다면서 일찍 왔네요?
나 : 집에 일이 (있는 척하고) 일찍 나왔어요.

(1) 가 : 한국에 와서 꼭 하고 싶었던 일이 있어요?

나 : 좋아하는 가수 콘서트 (　　　　), 맛집 (　　　　)(찾아가다), 스키(　　　　)예요.

가 : 맛집이요? 맛집을 어떻게 알았어요?

나 : 한국에 오기 전에 인터넷으로 검색을 했어요. 그런데 다 찾아가기 (　　　　) 많더라고요.

가 : 그래서 음식 종류를 많이 아는군요. 다음에 저도 같이 가요.

나 : 좋아요. 여럿이 가면 다양하게 먹을 수 있어서 더 좋아요.

(2) 가 : 사장님, 쌀국수하고 반쎄오 주세요. 쌀국수에서 고수는 빼 주세요.

나 : 프엉안 씨는 베트남 사람인데 고수를 안 먹어요?

가 : (　　　　)이라고 해서 다 고수를 (　　　　).

나 : 미안해요. 저는 베트남 사람은 모두 고수를 좋아할 거라고 생각했어요.

가 : 괜찮아요. 그렇게 생각할 수 있죠.

나 : 저는 아주 좋아해서 라면에도 넣어서 (　　　　).

(3) 가 : 내일 뭐 할 거예요?

나 : 여자 친구하고 마블 영화를 보기로 했어요.

가 : 그거 지난주에 저하고 같이 봤잖아요.

나 : 여자 친구가 보고 싶다고 해서 (　　　　).

가 : 대단해요. 하지만 조심하세요. 이야기를 (　　　　) 본 것을 말할 수도 있어요.

나 : 네, 그래서 조심하려고요.

5. 새해가 시작되고 시간이 지났습니다. 올해 초에 세운 계획은 잘 지키고 있나요? 어떤 계획을 세웠나요? 어느 정도 지켰나요? 못 지켰다면 이유는 무엇인가요? 자신의 계획을 중간 점검 해 보고 글을 써 보세요.
(36-40과에 나온 문법 3개 이상 사용하기)

CHAPTER 41 날마다 운동을 하니까 건강해질 수밖에 없지요

1. 문법에 맞게 바꾸세요.

(1) 살다

(2) 듣다

(3) 입다

(4) 사고가 나다

(5) 크다

(6) 많다

+ -을 수밖에 없다
  -ㄹ 수밖에 없다 ⇒

2. '-(으)ㄹ 수밖에 없다' 문법을 사용해서 대답하세요

(1) 왜 갑자기 소리를 질렀어요? → (여자 친구에게 연락이 오다 / 너무 좋다)

(2) 왜 울어요? → (시험에 합격하다 / 너무 기쁘다)

(3) 잔소리 좀 그만 하세요. → (할 일을 안 하다 / 잔소리를 하다)

(4) 요즘은 운동을 안 해요? → (다리를 다치다 / 쉬다)

(5) 왜 아르바이트를 해요? → (돈이 없다)

(6) 오늘도 집에서 밥을 먹어요? → (집에 음식이 많다)

(7) 오늘도 야근해요? → (일이 많다)

(8) 또 마트에 가요? → (안 산 물건이 있다)

3. <보기>와 같이 문장을 만들어 보세요.

> **보기** 지갑을 안 가지고 오다 + 집까지 걸어가다
> → 지갑을 안 가지고 와서 집까지 걸어갈 수밖에 없어요.

(1) 이가 너무 아프다 + 약을 먹다

→ _____

(2) 룸메이트가 일찍 일어나다 + 나도 일찍 일어나다

→ _____

(3) 음악이 너무 신나다 + 춤을 추다

→ _____

(4) 물건이 높은 곳에 있다 + 도움을 요청하다

→ _____

(5) 방이 너무 작다 + 이사 가다

→ _____

4. '-(으)ㄹ 수밖에 없다' 문법을 사용해서 빈칸에 대화를 완성하세요.

(1) A : 오늘은 회의가 있는 날인데 왜 늦었어요?
    B : 보통 때랑 똑같이 집에서 나왔어요. 그런데 갑자기 버스가 고장이 나서 (   ).
    A : 택시를 타지 그랬어요?
    B : 택시가 안 잡혔어요. 늦어서 죄송합니다.

(2) A : 졸업하면 뭐 할 거예요?
    B : 한국에서 취직을 하고 싶어요.
    A : 만약에 취직을 못하면 어떻게 할 거예요?
    B : 생각도 하기 싫지만… 아르바이트를 하면서 계속 원하는 회사에 (   ).

(3) A : 이사 갈 곳은 구했어요?
    B : 아직 못 구했어요. 아직 6개월이 남았으니까 더 찾아봐야지요.
    A : 그냥 여기에서 계속 사는 건 어때요?
    B : 좀 더 넓은 곳으로 이사를 가고 싶지만 집을 찾지 못하면 여기에서 (   ).

(4) A : 왜 저녁을 안 먹어요?
    B : 내일 아침에 건강 검진을 받아야 해서 못 먹어요.
    A : 배고프지 않아요?
    B : 배가 고프지만 (   ).

CHAPTER 42 아이스크림을 많이 먹는 바람에 배탈이 났어요

1. 문법에 맞게 바꾸세요.

(1) 일찍 출발하다

(2) 쉬다

(3) 늦잠을 자다   + -는 바람에 ⇨

(4) 숙제를 안 하다

(5) 울다

(6) 전화하다

2. '-는 바람에' 문법을 사용해서 대답하세요.

(1) 왜 배가 아파요? → _____ (급하게 먹다)

(2) 어제 왜 전화를 안 받았어요? → _____ (일찍 자다)

(3) 숙제는 다 했어요? → _____ (밤새 드라마를 보다)

(4) 왜 바지가 찢어졌어요? → _____ (길에서 넘어지다)

(5) 왜 지하철을 놓쳤어요? → _____

(6) 어제 왜 모임에 안 왔어요? → _____

(7) 왜 기분이 안 좋아요? → _____

(8) 왜 아이가 깼어요? → _____

3. <보기>와 같이 문장을 만들어 보세요.

> **보기** 술을 마시다 + 돈을 다 썼다 → __술을 마시는 바람에 돈을 다 썼어요.__

(1) 급하게 일어나다 + 커피를 쏟았다

→ _____

(2) 메모를 안 하다 + 약속을 잊어버렸다

→ _____

(3) 큰 소리로 노래를 부르다 + 목이 쉬었다

→ _____

(4) 공지 사항을 안 보다 + 휴강한 것을 몰랐다

→ _____

(5) 신분증을 안 가져오다 + 은행에 못 갔다

→ _____

4. '-는 바람에' 문법을 사용해서 빈칸에 대화를 완성하세요.

(1) A : 출입국·외국인청에는 잘 다녀왔어요?
   B : 아니요, 못 갔어요.
   A : 왜요? 그것 때문에 오후 수업도 빠졌잖아요.
   B : (_____) 갔다가 다시 왔어요. 그래서 지금 예약을 하려고요.

(2) A : 유진 씨는 잘 만났어요?
   B : 아니요. 못 만났어요. 선생님과 (_____) 약속 시간에 많이 늦었어요. 늦게 갔는데 유진 씨가 없었어요.
   A : 전화나 문자를 하지 그랬어요.
   B : 전화기를 집에 놓고 나와서 연락도 못 했어요. 유진 씨가 화가 많이 났을 거예요.

(3) A : 주말에 산에 가는 거 잊지 않았지요?
   B : 미안하지만 저는 못 가요.
   A : 어제까지도 아무 말도 없었잖아요.
   B : 마이클 씨랑 만나기로 했는데 약속을 (_____) 또 약속을 잡았어요. 너무 미안해요. 다음엔 꼭 같이 가요.

(4) A : 펑진 씨, 목소리가 왜 그래요?
   B : 어제 너무 더워서 에어컨을 (_____) 감기에 걸렸어요.
   A : 내일 발표를 해야 하는데 어떡해요?
   B : 저도 그게 걱정이에요. 선생님께 다음에 한다고 말씀드려 볼까요?

CHAPTER 43 아이들은 싸우기 마련이에요

1. 문법에 맞게 바꾸세요.

(1) 맵다
(2) 가다
(3) 힘들다   + -기 마련이다 ⇨
(4) 실수하다
(5) 울다
(6) 편하다

2. '-기 마련이다' 문법을 사용해서 대답하세요.

(1)	애들이 말을 안 들어요.	→	(어릴 때는 말을 안 듣다)
(2)	처음 하는 일이라서 어려워요.	→	
(3)	쉽게 얻은 것은 쉽게 잃어요.	→	
(4)	성실한 사람은 성공해요.	→	
(5)	자다가 화장실에 자주 가요.	→	(자기 전에 물을 많이 마시다)
(6)	매일 야식을 먹었더니 살이 쪘어요.	→	
(7)	매일 한국 뉴스를 들었더니 한국어가 잘 들리기 시작했어요.	→	
(8)	슬픈 영화를 보면 눈물이 나와요.	→	

3. <보기>와 같이 문장을 만들어 보세요.

보기 몸이 아프다 + 가족이 그립다 → __몸이 아프면 가족이 그립기 마련이에요.__

(1) 주변이 시끄럽다 + 집중하기 힘들다

  → _____

(2) 부모님은 + 항상 자식 걱정을 하다

  → _____

(3) 찬 음식을 먹다 + 배탈이 나다

  → _____

(4) 어릴 때는 + 노는 것을 좋아하다

  → _____

(5) 신입 사원은 + 실수하다

  → _____

4. '-기 마련이다' 문법을 사용해서 빈칸에 대화를 완성하세요.

(1) A : 요즘 무슨 고민이 있어요?
  B : 여자 친구하고 멀어진 기분이에요. 보고 싶을 때 못 보니까 답답해요.
  A : 여자 친구는 고향에 있다고 했죠?
      (몸이 멀어지다 – 마음도 멀어지다) _____.
  B : 우리는 아닐 거라고 생각했어요. 이따가 전화를 해야겠어요

(2) A : 요즘 많이 바빠요? 얼굴 보기가 힘드네요.
  B : 네. 입사한 지 얼마 안 됐는데 일이 너무 많아요.
  A : (신입 사원 – 바쁘다) _____.
  B : 그래서 집에 오면 아무 것도 하기 싫고 자고 싶어요.

(3) A : 요즘은 공부도 게임도 다 재미가 없어요. 모든 게 귀찮아요.
  B : 한국에 온 지 얼마나 됐죠?
  A : 일 년 반 정도 됐어요.
  B : (외국 생활이 오래되다 – 지치다) _____.
      저도 그랬어요. 그럴 때는 그냥 쉬는 게 좋아요.

(4) A : 왜 이렇게 잠을 못 자고 왔다 갔다해요?
  B : 저 때문에 잠을 못 자는 거예요? 미안해요. 내일이 처음 데이트를 하는 날이에요. 너무 떨려요.
  A : (첫 데이트 – 설레다) _____. 괜찮아요. 내일 뭐 입을 거예요?
  B : 그럼 옷 좀 같이 골라 줄래요?

CHAPTER 44
새 프로젝트가 시작됐으니 야근을 할 게 뻔해요

1. 문법에 맞게 바꾸세요.

(1) 날씨가 춥다

(2) 바람이 많이 불다

(3) 몸이 안 좋다

(4) 그 사람이 나를 싫어하다

(5) 시험이 어렵다

(6) 남자 친구이다

\+ -(으)ㄹ 게 뻔하다 / -았을/었을 게 뻔하다 / -일 게 뻔하다 ⇒

2. '-(으)ㄹ 게 뻔하다' 문법을 사용해서 대답하세요.

(1) 옆집이 시끄러운 것을 보니까 → (파티를 하다)

(2) 체첵이 여유로운 것을 보니까 → (준비를 잘 하다)

(3) 롱이 축구화를 사는 것을 보니까 → (축구를 하다)

(4) 친구가 아직도 학교에 안 오는 걸 보니까 → (아직도 자다)

(5) 폴 씨가 휴대 전화 충전기를 빌려간 걸 보니까 → (충전을 안 했다)

(6) 앞집에 택배 상자가 쌓여 있는 것을 보니까 → (여행을 갔다)

(7) 내 친구는 부끄러움이 많아서 → (모임에 안 나오다)

(8) 오늘 휴강을 해서 → (놀러갔다)

3. <보기>와 같이 문장을 만들어 보세요.

> **보기** 친구가 오랜만에 전화한 걸 보니까 + 나에게 부탁하다
> → 친구가 오랜만에 전화한 걸 보니까 나에게 부탁할 게 뻔해요.

(1) 첫 발표니까 + 많이 긴장하다

→ _____

(2) 비행기표를 예매하는 것을 보니까 + 여행을 가다

→ _____

(3) 좋아하는 케이크도 안 먹는 걸 보니까 + 다이어트를 하다

→ _____

(4) 영화 평을 보니까 + 영화가 재미있다

→ _____

(5) 지나가는 학생마다 인사를 하는 것을 보니까 + 저 분이 선생님이시다

→ _____

4. '-(으)ㄹ 게 뻔하다' 문법을 사용해서 빈칸에 대화를 완성하세요.

(1) A : 과일은 이 정도만 사면 되겠지요?
    B : 아니요, 사람이 많으니까 (   ) 게 뻔해요. 조금 더 사요.
    A : 그럼 음식도 부족할까요? 미리 더 주문할까요?
    B : 부족한 것보다 남는 것이 나아요. 조금 더 주문하는 게 좋을 것 같아요.

(2) A : 길을 물어봐야 하는데… 저 사람은 학생일까요?
    B : 교복을 입은 걸 보니까 (   ).
    A : 그럼 제가 저 학생에게 길을 물어볼게요. 잠깐만 기다리세요.
    B : 아니에요, 같이 가요. 같이 들으면 더 확실하게 이해할 수 있을 거예요.

(3) A : 루루 씨, 언제부터 강아지를 키웠어요? 너무 귀여워요.
    B : 우리 강아지가 아니에요. 공원에서 처음 봤는데 자꾸 따라오더라고요.
    A : 그래요? 그런데 강아지가 깨끗한 걸 보니까 (   ). (집을 잃어버렸다)
    B : 그렇죠? 일부러 버린 것 같지는 않아요. 빨리 주인을 찾아야 할 텐데 걱정이에요.

(4) A : 우리 저 식당에서 점심을 먹을까요?
    B : 저 집이 맛있대요?
    A : 몰라요. 하지만 저렇게 사람들이 줄을 선 것을 보니까 (   ).
    B : 좋아요. 그럼 얼른 가서 줄을 서요.

CHAPTER 45 카밀라가 설명해 준 대로 하니까 할 만해

1. 문법에 맞게 바꾸세요.

(1) 식당을 예약하다

(2) 부모님 말씀

(3) 이사하다   + -는 대로 / 대로 ⇨

(4) 휴대 전화를 고치다

(5) 설명서

2. '-는 대로' 문법을 사용해서 대답하세요.

(1) 자료를 언제 받을 수 있어요? → _____ (회사에 도착하다-보내다)

(2) 잘 만들었어요? → _____ (설명서-만들다)

(3) 선생님, 이거 어떻게 해요? → _____ (선생님이 하다-따라하다)

(4) 누가 먼저 해요? → _____ (1번부터 순서-발표하다)

(5) 어떻게 그려요? → _____ (마음-그리다)

(6) 결과가 나왔어요? → _____ (예상하다-나오다)

3. <보기>와 같이 문장을 만들어 보세요.

보기 말하다 + 이루어졌으면 좋겠다
→ _말하는 대로 이루어졌으면 좋겠어요._

(1) 시험에 합격하다 + 고향에 갈 것이다

→ _____

(2) 기타를 사다 + 기타 학원에 등록할 것이다

→ _____

(3) 취직하다 + 적금을 들 것이다

→ _____

(4) 엄마가 만들다 + 따라서 만들었다

→ _____

(5) 약속 + 내가 야근하다

→ _____

4. '-는 대로' 문법을 사용해서 빈칸에 대화를 완성하세요.

(1) A : 춤을 어디에서 배웠어요?
B : 특별히 배우지는 않았어요. 제가 좋아하는 가수의 동영상을 찾았어요.
그리고 (　　　　　) 똑같이 췄어요.
A : 동영상만 보고 그렇게 잘 춘다고요? 대단하네요.
B : 루루 씨도 한번 해 보세요. 재미있어요.

(2) A : 루이 씨, 저 라면 좀 끓여주세요.
B : 알겠어요. 잠깐 기다리세요.
A : 제가 끓이면 맛이 없는데 루이 씨 라면은 정말 맛있어요. 무슨 비결이 있어요?
B : 글쎄요. 저는 그냥 라면 봉지 뒤에 나온 (　　　　　) 끓인 거예요.

(3) A : 롱 씨는 지금 다니는 회사를 어떻게 알고 들어갔어요?
B : 매일매일 인터넷 구인 사이트에 들어가서 구인 광고가 (　　　　　) 다 지원서를 냈어요.
A : 그렇군요. 저는 누가 소개해 준 줄 알았어요.
B : 아니에요. 정말 많이 시험 보고 들어간 거예요.

(4) A : 프엉안 씨는 지금까지 인생이 (　　　　　) 이루어졌다고 생각해요?
B : 아니요. 계획이 이루어진 것도 있고 안 된 것도 있죠.
A : 어느 정도 이루어진 것 같아요?
B : 글쎄요. 약 60% 정도요. 가장 큰 한국 유학을 왔으니 새로운 계획을 세워 봐야지요.

복습 9   41과 ~ 45과

1. <보기>에 있는 어휘를 빈칸에 맞게 쓰세요.

보기					
	설레다	포기하다	찢어지다	의미하다	예민해지다
	N끼리	마음이 쓰이다	개혁하다	빼앗다	혹시 모르니까

(1) 제가 불을 다 껐지만 (　　　) 다시 한 번 확인해 주세요.

(2) 동네에 돌아다니는 고양이들이 (　　　) 집 앞에 물하고 밥을 놓았어요.

(3) 붉은 카네이션은 부모님에 대한 사랑과 존경을 (　　　).

(4) 내일 소개팅을 앞두고 너무 (　　　) 밤에 잠을 못 잤어요.

(5) 이번에는 남자들 빼고 (　　　) 바닷가에 놀러 가기로 했어요.

(6) 이번 여름은 너무 바빠서 여행을 (　　　) 했지만 아쉬워서 당일치기로 춘천에 다녀왔어요.

(7) 교육 제도를 (　　　) 의견은 항상 있지만 실제로 하는 것은 간단한 일이 아니다.

(8) 아침에 지하철 계단에서 뛰다가 넘어져서 스타킹이 (　　　).

(9) 시험 기간이 되면 (　　　) 음식을 먹으면 자주 체해요.

(10) 학생들의 돈을 (　　　) 강도가 경찰에 잡혔다.

2. ( )에 들어갈 가장 알맞은 것을 고르세요.

(1) 버스에서 깜박 (   ) 바람에 정류장을 지나쳤어요.
  ① 공부하는   ② 실수하는   ③ 조는   ④ 이야기하는

(2) 너무 걱정하지 마세요. 신입 사원은 (   ).
  ① 놀 걸 그랬어요   ② 실수하기 마련이에요   ③ 틀리도록 하세요   ④ 자거든요

(3) 이미 약속을 했으니까 소개팅을 (   ).
  ① 할 수밖에 없어요   ② 할 정도예요   ③ 할 걸 그랬어요   ④ 얼마나 하는지 몰라요

(4) 월말이니까 용돈이 (   ) 게 뻔해요.
  ① 많을   ② 모을   ③ 저축할   ④ 부족할

(5) 길을 잘 몰라서 내비게이션이 (   ) 운전했어요.
  ① 끝나는 대로   ② 쉬는 대로   ③ 알려 주는 대로   ④ 울리는 대로

3. <보기>에 있는 문법을 사용해서 예와 같이 빈칸에 알맞게 쓰세요.

보기		
-(으)ㄹ 수밖에 없다	-는 바람에	
-기 마련이다	-(으)ㄹ 게 뻔하다	-는 대로/N대로

예 (설명서대로) 하니까 쉽게 끝냈어요.

(1) 롱 씨가 열심히 공부했기 때문에 시험에서 1등을 (   ).

(2) 의사 선생님 (   ) 약을 먹고 잤더니 몸이 좋아졌어요.

(3) 출퇴근 시간에는 길이 (   ).

(4) 카드를 (   ) 바람에 새로 신청했어요.

(5) 톰은 항상 늦어요. 오늘도 (   ) 게 뻔해요.

4. <보기>와 같이 대화를 완성하세요.

보기
가 : 오늘도 늦게 끝날까요?
나 : 네. 새 프로젝트가 시작됐으니 야근을 (할 게 뻔해요).

---

(1) 가 : 얼굴이 왜 이렇게 부었어요?

나 : 어젯밤에 라면을 (   ) 얼굴이 부었어요.

가 : 라면을 별로 안 좋아하잖아요.

나 : 안 좋아해요. 그런데 텔레비전을 보니까 라면이 너무 맛있어 보이는 거예요. 그래서 (   ).

가 : 그래서 밤에는 음식 프로그램을 보면 안 돼요.

나 : 맞아요. 그런데 자꾸 보게 돼요.

---

(2) 가 : 제가 불고기를 만들었어요. 한 번 드셔 보세요.

나 : 와, 정말 맛있어 보여요. 처음 만드는 거 맞아요?

가 : 네, 처음이에요. 인터넷에 있는 (   ) 똑같이 따라서 만들었어요.

나 : 똑같이 따라했으면 (   ).

나 : (음식을 먹은 후) 와, 진짜 맛있어요. 파는 것하고 맛이 거의 비슷해요.

가 : 정말요? 다행이네요. 칭찬해줘서 고마워요.

---

(3) 가 : 미안해요. 일이 늦게 (   ) 좀 늦었어요.

나 : 괜찮아요. 저도 방금 왔어요. 인턴 사원은 일이 (   ).

가 : 맞아요. 요즘 일이 많아요. 이것저것 다 시키는 것 같아요.

나 : 주로 무슨 일을 해요?

가 : 서류 정리, 복사, 번역 그리고 심부름도 해요.

나 : 정말 정신이 없겠어요.

5. 최근에 실수한 일이 있어요? 어떤 실수를 했어요? 왜 그렇게 했을까요?
실수를 한 후에 어떻게 행동했어요? 글을 써 보세요.
(41-45과에 나온 문법 3개 이상 사용하기)

참 즐거운 한국어

부록
APPENDIX

모범 답안

ANSWER SHEET

1과

1.
(1)	지워져요
(2)	만들어져요
(3)	정해져요
(4)	발라져요
(5)	끊어져요
(6)	구워져요

2. (1) 이 매니큐어는 손톱에 잘 발라져요.
   (2) 요즘 인터넷이 자주 끊어져요.
   (3) 책을 발로 밟아서 찢어졌어요.
   (4) 네, 다 정해졌어요.
   (5) 네, 맛있게 구워졌어요.
   (6) 밥을 먹어서 지워졌어요.
   (7) 네, 볼펜이 잘 써져요.
   (8) 네, 버튼이 안 눌러져요.

3. (1) 한글은 조선 시대에 만들어졌어요.
   (2) 고향에 갈 생각을 하니까 방학이 기다려져요.
   (3) 배터리가 없어서 휴대폰이 꺼졌어요.
   (4) 앞사람과 부딪혀서 커피가 쏟아졌어요.
   (5) 지금 사는 집은 작년에 지어졌어요.

4. (1) 만들어졌다는   (2) 그려졌어요
   (3) 가려져서   (4) 기다려져요

2과

1.
(1)	자는 대신
(2)	듣는 대신
(3)	짓는 대신
(4)	먼 대신
(5)	돕는 대신
(6)	기르는 대신

2. (1) 아니요, 고향에 가는 대신 한국에 있을 거예요.
   (2) 월세가 싼 대신 방이 작아요.
   (3) 외식을 하는 대신 집에서 먹읍시다 / 먹을까요? / 먹는 것이 어때요?
   (4) 오늘은 운동을 하는 대신 친구를 만날 거예요.
   (5) 예 산에 가는 대신 공원에 산책하러 가요.
   (6) 예 도서관에 가는 대신 집에서 공부할 거예요.
   (7) 예 아니요, 커피를 마시는 대신 주스를 마실 거예요.
   (8) 예 네, 수업이 없는 대신 숙제가 있어요.

3. (1) 부모님께 이메일을 쓰는 대신 영상 통화를 해요.
   (2) 집이 학교에서 먼 대신 방이 넓어요.
   (3) 내가 청소하는 대신 친구는 식사를 준비해요.
   (4) 아르바이트가 힘든 대신 시급이 많아요.
   (5) 음식 값이 비싼 대신 맛있어요.

4. (1) 도서관에 가는 대신
   (2) 외식하는 대신
   (3) 빨간색 원피스를 입는 대신
   (4) 홍대에 놀러가는 대신

3과

1.
(1)	맛있잖아요
(2)	시간이 오래 걸리잖아요
(3)	날씨가 춥잖아요
(4)	숙제를 하잖아요
(5)	머리를 자르잖아요
(6)	불편하잖아요

2. (1) 다리를 다쳤잖아요.
   (2) 다이어트를 시작했잖아요.
   (3) 시험을 잘 봤잖아요.
   (4) 동생이 오잖아요.
   (5) 예 12시였잖아요.
   (6) 예 아니요, 김 선생님이시잖아요.
   (7) 예 지은 씨의 가방이잖아요.
   (8) 예 머리/다리/어깨/배가 아프잖아요.

3. (1) 집이 너무 좁아서 이사했잖아요.
   (2) 아까 축구를 하다가 다쳤잖아요.
   (3) 공부를 안 해서 시험 점수가 나쁘잖아요.
   (4) 숙제가 많아서 잠을 못 잤잖아요.
   (5) 더워서 창문을 열었잖아요.

4. (1) 비가 오잖아요
   (2) 8시 20분이잖아요
   (3) 봤잖아요
   (4) 빌려줬잖아요

APPENDIX

4과

1.
(1)	빵이라도
(2)	만 원이라도
(3)	김밥이라도
(4)	목도리라도
(5)	책이라도
(6)	문자 메시지라도

2. (1) 30분이라도 좀 자요 / 자는 게 어때요?
   (2) 우유라도 드세요.
   (3) 영상 통화라도 하세요.
   (4) 창문이라도 여세요.
   (5) 예 볼펜이라도 빌려 줄까요?
   (6) 예 따뜻한 물이라도 드세요.
   (7) 예 잠깐이라도 산책해 보세요. / 집 앞에라도 나가 보세요. / 편의점이라도 다녀 오세요.
   (8) 예 배달이라도 해서 드세요. / 라면이라도 드세요.

3. (1) 피곤하면 10분이라도 좀 자요.
   (2) 손이라도 씻고 먹어.
   (3) 놀지 말고 숙제라도 좀 해.
   (4) 앞머리라도 자르는 게 어때?
   (5) 택시라도 타고 빨리 오세요.

4. (1) 과자라도   (2) 노래방이라도
   (3) 책이라도   (4) 쇼핑이라도

5과

1.
(1)	앉도록 해요
(2)	듣도록 해요
(3)	쓰도록 해요
(4)	발표하도록 해요
(5)	연락하도록 해요
(6)	읽도록 해요

2. (1) 소화제를 먹도록 해요.
   (2) 잠시 기다리도록 하세요.
   (3) 수요일까지 내도록 하세요.
   (4) 쉬도록 하세요.
   (5) 에어컨을 켜도록 하세요.
   (6) 다음에는 일찍 오도록 하세요.
   (7) 저녁에 일찍 자도록 해요.
   (8) 다음에 꼭 가져오도록 하세요.

3. (1) 배가 고프면 간식을 먹도록 해요.
   (2) 추우니까 / 추우면 창문을 닫도록 하세요.
   (3) 교실에 도착하면 숙제를 제출하도록 하세요.
   (4) 시간이 있으면 친구를 도와주도록 하세요.
   (5) 비행기에서 내리면 전화하도록 하세요.

4. (1) 병원에 가도록 하세요
   (2) 만지지 않도록 하세요
   (3) 번호표를 뽑도록 하세요
   (4) 조용히 하도록 하세요 / 소리를 작게 하도록 하세요 / 소리를 줄이도록 하세요 / 운동을 하지 않도록 하세요

1과 ~ 5과 복습

1. (1) 한적한   (2) 당일치기로
   (3) 무해한   (4) 중단
   (5) 지워졌어요   (6) 받아들여서
   (7) 머리가 멍해요 (8) 위로해줬기
   (9) 불가피하게   (10) 허기져요

2. (1) ②   (2) ③   (3) ④
   (4) ①   (5) ②

3. (1) 정해졌어요   (2) 끄도록 하세요   (3) 쉬는 대신
   (4) 게임이라도   (5) 기다렸잖아요

4. (1) 문자 메시지라도 / 식사하도록 하세요
   (2) 보잖아요 / 보는 대신에
   (3) 써져요 / 써져서 / 사도록 하세요

6과

1.
(1)	마시더니
(2)	발표하더니
(3)	덥더니
(4)	자르더니
(5)	젓더니
(6)	쌓더니

2. (1) 아침에는 아프더니 지금은 괜찮아요./괜찮아졌어요.
   (2) 우울하더니 좋아졌어요.
   (3) 작년에는 싸더니 올해는 비싸요.
   (4) 지난주에는 눈이 오더니 이번 주는 맑아요.
   (5) 유학을 오기 전에는 걱정하시더니 지금은 좋아하세요.
   (6) 엄마는 작년에는 건강하시더니 올해는 조금 편찮으세요.
   (7) 첫날에는 조용하더니 지금은 아주 이야기를 많이 해요.
   (8) 작년에는 긴 패딩이 유행하더니 올해는 짧은 패딩이 유행이에요.

3. (1) 롱 씨가 전화를 받더니 소리를 질렀어요.
   (2) 언니가 노래를 듣더니 눈물을 흘렸어요.
   (3) 작년 겨울에는 눈이 많이 오더니 올해는 거의 안 와요.
   (4) 동생이 휴대 전화를 사더니 게임을 시작했어요.
   (5) 룸메이트가 요리 학원에 다니더니 매일 음식을 만들어요.

4. (1) 집에 가방을 놓더니
   (2) 열이 나더니 기침도 심하게 해요
   (3) 받더니 울었어요
   (4) 기타를 배우더니 매일 밤 기타를 쳐요

7과

1.
(1)	자다가
(2)	앉다가
(3)	공부하다가
(4)	회의하다가
(5)	젓다가
(6)	듣다가

2. (1) 전화하다가 선생님을 만났어요.
   (2) 길에서 전화를 받다가 떨어뜨렸어요.
   (3) 새벽까지 게임을 하다가 늦게 잤어요.
   (4) 한국 드라마를 보다가 한국어를 배웠어요.
   (5) 계단에서 뛰다가 넘어져서 다리를 다쳤어요.
   (6) 강아지에게 장난을 치다가 물렸어요.
   (7) 지하철에서 내리다가 다른 사람의 가방에 걸렸어요.
   (8) 유튜브를 보다가 알게 되었어요.

3. (1) 친구하고 놀다가 약속 시간에 늦었어요.
   (2) 무서운 영화를 보다가 소리를 질렀어요.
   (3) 자전거를 타다가 넘어졌어요.
   (4) 시험을 보다가 실수했어요.
   (5) 큰소리로 노래를 부르다가 친구랑 싸웠어요.

4. (1) 뛰다가
   (2) 영화를 보다가 잤어요
   (3) 뛰다가 넘어졌어요
   (4) 노래방에서 노래를 부르다가

8과

1.
이	히	리	기	우
끓다 - (끓이다)	익다 - (익히다)	울다 - (울리다)	남다 - (남기다)	자다 - (재우다)
죽다 - (죽이다)	식다 - (식히다)	얼다 - (얼리다)	씻다 - (씻기다)	서다 - (세우다)
속다 - (속이다)	밝다 - (밝히다)	살다 - (살리다)	웃다 - (웃기다)	비다 - (비우다)
높다 - (높이다)	넓다 - (넓히다)	마르다 - (말리다)	벗다 - (벗기다)	깨다 - (깨우다)

2. (1) 아이를 울렸어요. (2) 라면을 끓이고 있어요.
   (3) 침대에서 동생을 재워요. (4) 옷을 말렸어요.
   (5) 아기를 깨웠어요. (6) 쓰레기통을 비웠어요.
   (7) 케이크를 남겼어요. (8) 손을 씻겨요.
   (9) 엄마를 속여요. (10) 아빠의 모자를 벗겨요.

3. (1) 엘리가 드라이기로 앞머리를 세워요.
   (2) 여름에 매일 얼음을 얼려요.
   (3) 너무 뜨거워서 커피를 식혀요.
   (4) 아침에 친구가 죽을 끓여 줬어요.
   (5) 음식을 남기지 마세요.

4. (1) 끓이는 (2) 익혀야
   (3) 말리고 / 말리고 (4) 깨워주세요 / 깨워줄게요

9과

1.
이	히	리	기	우
붙다 - (붙이다)	앉다 - (앉히다)	알다 - (알리다)	맡다 - (맡기다)	타다 - (태우다)
보다 - (보이다)	눕다 - (눕히다)		신다 - (신기다)	쓰다 - (씌우다)
먹다 - (먹이다)	입다 - (입히다)			
	읽다 - (읽히다)			

2. (1) 손님에게 신발을 신겨요.
   (2) 친구에게 우산을 씌워 줘요.
   (3) 마틴에게 새로운 소식을 알려 줬어요.
   (4) 아이의 책에 스티커를 붙여요.
   (5) 강아지에게 옷을 입혀요.
   (6) 동생에게 약을 먹여요.
   (7) 학생에게 책을 읽혀요.
   (8) 택배를 경비실에 맡겨요.
   (9) 아이를 유치원 차에 태워요.
   (10) 친구를 침대에 눕혀요.

3. (1) 아이가 인형에게 신발을 신겨요.
   (2) 간호사가 환자를 침대에 눕혀요.
   (3) 의사가 환자에게 마스크를 씌워요.
   (4) 할머니가 손녀에게 밥을 먹여요.
   (5) 나는 부모님께 합격 소식을 알렸어요.

4. (1) 먹이고 있어요
   (2) 책을 읽히세요
   (3) 앉힐게요
   (4) 택시에 태워서

10과

1.
(1)	자게 하다
(2)	입게 하다
(3)	청소하게 하다
(4)	수업을 듣게 하다
(5)	면허를 따게 하다
(6)	만들게 하다

2. (1) 동생이 저에게 화장품을 보내게 했어요.
   (2) 선생님이 책을 읽게 하셨어요.
   (3) 제가 빨래를 걷게 했어요.
   (4) 강아지에게 공을 가져오게 했어요.
   (5) 집주인이 주의 사항을 지키게 했어요/읽게 했어요.
   (6) 의사 선생님이 찬 물을 못 마시게 했어요.
   (7) 치과 선생님이 식사 후에 이를 닦게 했어요.
   (8) 자주 청소하게 / 전화하게 했어요.

3. (1) 역무원이 지하철에서 뛰지 못하게 했어요.
   (2) 건강을 위해서 담배를 끊게 했어요.
   (3) 회사 면접을 위해서 자기소개를 연습하게 했어요.
   (4) 다이어트를 하니까 야식을 못 먹게 해요.
   (5) 하루에 한 시간만 게임을 하게 했어요.

4. (1) 녹음하게 하셨어요
   (2) 아침마다 마시게 했어요
   (3) 못 키우게 해요 / 키우지 못하게 해요
   (4) 못 뛰게 해요 / 뛰지 못하게 해요

6과 ~ 10과 복습

1. (1) 치료해서   (2) 거절하지
   (3) 과로로   (4) 망가뜨려서
   (5) 물가가   (6) 붙여
   (7) 입대해야   (8) 무리하게
   (9) 금이 가서   (10) 발견했다 / 발견하게 되었다

2. (1) ①   (2) ③   (3) ④
   (4) ②   (5) ④

3. (1) 가다가   (2) 익혀서   (3) 재웠는데
   (4) 말리는   (5) 먹더니

4. (1) 끓이다가 / 씻겨 줬어요
   (2) 하다가 / 보이더라고요
   (3) 얼려 / 높게

5. ① 비워 줘   ② 씻겨 줘
   ③ 말려 줘   ④ 먹으면

11과

1.
(1)	살 걸 그랬다
(2)	먹을 걸 그랬다
(3)	들을 걸 그랬다
(4)	살 걸 그랬다
(5)	공부할 걸 그랬다
(6)	빌릴 걸 그랬다

2. (1) 아니요. 미리 해 놓을 걸 그랬어요.
   (2) 아니요. 운전면허를 딸 걸 그랬어요.
   (3) 아니요. 밤에 얼릴 걸 그랬어요.
   (4) 아니요. 진작에 고칠 걸 그랬어요.
   (5) 아니요. 일찍 예매할 걸 그랬어요.
   (6) 아니요. 일찍 예약할 걸 그랬어요.
   (7) 아니요. 세일 기간에 살 걸 그랬어요.
   (8) 아니요. 배워 둘 걸 그랬어요.

3. (1) 집이 지저분해요. 청소를 할 걸 그랬어요.
   (2) 냉장고에 음식이 없어요. 마트에 다녀올 걸 그랬어요.
   (3) 감기에 걸렸어요. 예방주사를 맞을 걸 그랬어요.
   (4) 교통 카드에 돈이 없어요. 충전을 해 놓을 걸 그랬어요.
   (5) 입을 옷이 없어요. 바로바로 빨아 놓을 걸 그랬어요.

4. (1) 조금만 켤 걸 그랬어
   (2) 적당히 먹을 걸 그랬어요 / 평소처럼 먹을 걸 그랬어요
   (3) 조금만 볼 걸 그랬어요
   (4) 빨리 버릴 걸 그랬어요 / 마시지 말 걸 그랬어요

12과

1.
(1)	예쁘거든요
(2)	덥거든요
(3)	운동하거든요
(4)	자거든요
(5)	읽거든요
(6)	재미있거든요

2. (1) 방이 춥거든요.
   (2) 아침에 마셨거든요.
   (3) 엄마가 편찮으시거든요.
   (4) 배가 안 고프거든요.
   (5) 몸이 아팠거든요.
   (6) 늦잠을 잤거든요.
   (7) 일이 있거든요.
   (8) 방학에 바쁘거든요. / 일이 많거든요.

3. (1) 수업 시간이었거든요.
   (3) 단발머리를 하고 싶었거든요.
   (3) 부모님이 오시거든요.
   (4) 아침에 회의가 있거든요.
   (5) 운전면허증을 땄거든요.

4. (1) 건강이 안 좋으시거든요 / 몸이 안 좋으시거든요
   (2) 여자 친구의 생일이거든요
   (3) 숙제를 했거든요 / 숙제 때문에 저녁을 못 먹었거든요 / 숙제를 하느라고 저녁을 못 먹었거든요
   (4) 고장 났거든요 / 고장이 났거든요

13과

1.
(1)	만드는데도
(2)	싱거운데도
(3)	재미있는데도
(4)	자는데도
(5)	먹는데도
(6)	학생인데도

2. (1) 네. 약을 먹었는데도 머리가 아파요.
   (2) 아니요. 계속 시도했는데도 예매를 못 했어요.
   (3) 네. 하지만 매운데도 계속 먹게 돼요.
   (4) 네. 아침인데도 사람이 많아서 못 샀어요.
   (5) 네. 난방을 했는데도 추워요.
   (6) 네. 아까 했는데도 또 하고 싶어요.
   (7) 네. 작년에 갔는데도 또 가고 싶어요.
   (8) 네. 설명을 들었는데도 잘 모르겠어요.

3. (1) 밥을 먹었는데도 배가 고파요.
   (2) 몸이 아픈데도 아침 운동을 해요?
   (3) 날씨가 추운데도 회사에 출근했어요.
   (4) 키가 작은데도 농구를 잘해요.
   (5) 말하기 연습을 하는데도 잘 되지 않아요.

4. (1) 3일 동안 준비했는데도   (2) 전화하는데도
   (3) 배가 부른데도   (4) 할인을 했는데도

14과

1.
(1)	아무 곳도
(2)	아무 것도
(3)	아무 장소도
(4)	아무 데도
(5)	아무 한테도
(6)	아무 말도

2. (1) 아무도 없어요.
   (2) 아니요. 아무 데도 없어요.
   (3) 아무 것도 필요 없어요.
   (4) 아무한테도 말을 안 할게요.
   (5) 일이 바빠서 아무 데도 못 가요.
   (6) 아무 것도 듣기 싫어요.
   (7) 너무 떨려서 아무 생각도 안 나요.
   (8) 아니요. 아무 준비도 못 했어요.

3. (1) 시험이 끝나면 아무 데도 안 갈 거예요.
   (2) 내일 건강 검진을 해서 아무 것도 못 먹어요.
   (3) 시험을 볼 때 아무 말도 할 수 없어요.
   (4) 여기에 온 것은 비밀이니까 아무한테도 말하지 마세요.
   (5) 지갑 안에 아무 것도 없어요.

4. (1) 아무 데도 없어요 / 아무 데도 찾을 수가 없어요
   (2) 아무 것도 못 먹었어요 / 아무 것도 못 먹고 있어요
   (3) 아무도
   (4) 아무 운동도 / 아무 것도

15과

1.
(1)	와야 할 텐데
(2)	쉬워야 할 텐데
(3)	조용해야 할 텐데
(4)	끝내야 할 텐데
(5)	써야 할 텐데
(6)	건강해야 할 텐데

2. (1) 네. 시험에 합격해야 할 텐데요. / 할 텐데 걱정이에요.
   (2) 쉬워야 할 텐데요. / 할 텐데 걱정이에요.
   (3) 골고루 잘 먹어야 할 텐데요. / 할 텐데 걱정이에요.
   (4) 빨리 나아야 할 텐데요. / 할 텐데 걱정이에요.
   (5) 네. 빨리 와야 할 텐데요. / 할 텐데 걱정이에요.
   (6) 큰 사고가 아니어야 할 텐데요. / 할 텐데 걱정이에요.
   (7) 이 요리는 안 매워야 할 텐데요. / 할 텐데 걱정이에요.
   (8) 좋은 집을 구해야 할 텐데요. / 할 텐데 걱정이에요.

3. (1) 기차표 예매에 성공해야 할 텐데.
   (2) 빨리 찾아야 할 텐데요.
   (3) 길이 안 막혀야 할 텐데.
   (4) 빨리 고쳐야 할 텐데요.
   (5) 잘 봐야 할 텐데요.

4. (1) 잘 어울려야 할 텐데요. / 잘 어울려야 할 텐데 걱정이에요
   (2) 이번에는 성공해야 할 텐데요 / 꼭 예매에 성공해야 할 텐데요 / 이번에는 예매에 성공해야 할 텐데요 / 예매에 성공해야 할 텐데요
   (3) 비가 안 와야 할 텐데요 / 날씨가 좋아야 할 텐데요
   (4) 몸살이 나아야 할 텐데 / 건강이 좋아져야 할 텐데

11과 ~ 15과 복습

1. (1) 이따가   (2) 게으른
   (3) 활발해서   (4) 중고 시장
   (5) 출장이 잡혀서 (6) 지저분하면
   (6) 수도권   (8) 생각이 나시면
   (9) 손을 베었는데 (10) 속상해하셔서

2. (1) ③   (2) ②   (3) ①
   (4) ④   (5) ③

3. (1) 먹었는데도   (2) 작거든요
   (3) 운동할 걸 그랬어요 (4) 아무 소리도
   (5) 시험을 잘 봐야 할 텐데/시험 점수가 좋아야 할 텐데

4. (1) 아무 말도 / 보거든요
   (2) 부러졌거든요 / 나아야 할 텐데
   (3) 인데도 / 쓸 걸 그랬어요

5. ① 했는데도   ② 잘 해야 할텐데   ③ 아무도
   ④ 게시판을 확인할 걸 그랬습니다

16과

1.
(1)	힘든데도 불구하고
(2)	더운데도 불구하고
(3)	공부하는데도 불구하고
(4)	경찰인데도 불구하고
(5)	바쁜데도 불구하고
(6)	사는데도 불구하고

2. (1) 네. 동생인데도 불구하고 어른처럼 말해요/어른처럼 행동해요.
   (2) 네. 피곤한데도 불구하고 밤을 새서 발표 준비를 했어요.
   (3) 네. 날씨가 추운데도 불구하고 등산을 했어요.
   (4) 다리를 다쳤어요. 그래서 축구를 좋아하는데도 불구하고 못 해요.
   (5) 지금 다이어트를 하고 있어요. 그래서 빵을 좋아하는데도 불구하고 안 먹어요.
   (6) 발표회를 위해서 싫어하는데도 불구하고 연극 연습을 해요.
   (7) 건강을 위해서 하기 싫은데도 불구하고 매일 운동을 해요.

3. (1) 힘든데도 불구하고 매일 운동해요.
   (2) 큰 사고인데도 불구하고 다친 사람이 거의 없어요.
   (3) 음식이 맛있는데도 불구하고 가격이 싸요.
   (4) 늦게 잤는데도 불구하고 일찍 일어나요.
   (5) 연휴인데도 불구하고 길이 막히지 않아요.

4. (1) 출발했는데도 불구하고 / 나왔는데도 불구하고
   (2) 매운 데도 불구하고
   (3) 예약하려고 했는데도 불구하고
   (4) 발랐는데도 불구하고

17과

1.
(1)	만나던
(2)	먹던
(3)	공부하던
(4)	재미있던
(5)	시원하던
(6)	좋아하던

2. (1) 고등학교 때 자주 듣던 노래는 k-pop이에요.
   (2) 아까 읽던 책은 소설책이에요.
   (3) 조금 전에 먹던 딸기는 냉장고에 넣어 놓았어요.
   (4) 제가 마시던 우유는 오른쪽 거예요.
   (5) 아까 하던 얘기는 발표 순서를 정하는 것이었어요.
   (6) 옛날에 자주 먹던 음식은 떡볶이에요.
   (7) 예전에 자주 하던 놀이는 딱지치기예요.
   (8) 학교 앞에서 기다리던 사람은 제 오빠예요/형이에요/누나예요/동생이에요.

3. (1) 수업 시간에 항상 자던 친구가 선생님이 되었어요.
   (2) 엄마가 요리하시면서 부르시던 노래를 라디오에서 들었어요.
   (3) 이것은 시험 때마다 사용하던 펜이에요.
   (4) 여기는 고등학교 때 자주 가던 분식집이에요.
   (5) 아까 마시던 커피를 아빠가 치우셨어요.

4. (1) 만들어 주시던 / 자주 해 주시던
   (2) 있던   (3) 키우시던 / 기르시던
   (4) 쓰던 / 사용하던 / 가지고 있던

18과

1.
(1)	아무리 잘해도
(2)	아무리 읽어도
(3)	아무리 작아도
(4)	아무리 추워도
(5)	아무리 힘들어도
(6)	아무리 좁아도

2. (1) 아무리 피곤해도 샤워를 해요.
   (2) 아무리 하기 싫어도 숙제는 해야 해요.
   (3) 아무리 먹어도 떡볶이는 계속 먹고 싶어요.
   (4) 아무리 많아도 돈은 더 갖고 싶어요.
   (5) 아무리 싸도 모자는 사기 싫어요.
   (6) 아무리 공부해도 외국어는 어려워요.
   (7) 아무리 들어도 사랑한다는 말은 듣고 싶어요.
   (8) 아무리 봐도 가족은 또 보고 싶어요.

3. (1) 아무리 졸려도 수업 시간에 졸면 안 돼요.
   (2) 아무리 음식이 맛있어도 다이어트 중에는 참아야 해요.
   (3) 아무리 매워도 닭갈비는 먹고 싶어요.
   (4) 아무리 잠을 자도 계속 자고 싶어요.
   (5) 아무리 힘들어도 산에 오르면 기분이 좋아요.

4. (1) 아무리 피곤하더라도
   (2) 아무리 많이 들어도 지겹지 않아요
   (3) 아무리 귀찮아도   (4) 아무리 들어도

19과

1.
(1)	많으면 많을수록
(2)	추우면 추울수록
(3)	만들면 만들수록
(4)	사면 살수록
(5)	놀면 놀수록
(6)	있으면 있을수록

2. (1) 돈은 많으면 많을수록 좋아요.
   (2) 숙제는 있으면 있을수록 안 좋아요.
   (3) 스트레스는 없으면 없을수록 좋아요.
   (4) 초콜릿은 먹으면 먹을수록 기분이 좋아져요.
   (5) 운동은 하면 할수록 좋아요.
   (6) 거짓말은 안 하면 안 할수록 좋아요.
   (7) 방학은/휴가는 길면 길수록 좋아요.
   (8) 돈은 사면 살수록 없어져요.

3. (1) 게임을 하면 할수록 더 하고 싶어져요.
   (2) 지하철역에서 가까우면 가까울수록 집값이 비싸요.
   (3) 날씨가 더우면 더울수록 바닷가에 가고 싶어요.
   (4) 방을 정리하면 정리할수록 더 어지러워져요.
   (5) 기술이 발전하면 발전할수록 따라가기가 힘들어요.

4. (1) 읽으면 읽을수록   (2) 배우면 배울수록
   (3) 많으면 많을수록   (4) 마시면 마실수록

20과

1.
(1)	잔다면
(2)	먹는다면
(3)	멀다면
(4)	가깝다면
(5)	맛있다면
(6)	의사라면

2. (1) 일주일의 시간이 있다면 여행을 가고 싶어요.
   (2) 인터넷이 없다면 심심할 거예요.
   (3) 애인이 있다면 같이 여행을 가고 싶어요.
   (4) 여행을 갈 수 있다면 제주도에 가고 싶어요.
   (5) 남자가 된다면 군대에 가고 싶어요. / 여자가 된다면 화장을 하고 싶어요
   (6) 사장님이 된다면 카페 사장님이 되고 싶어요.
   (7) 애완동물을 키운다면 강아지를 키우고 싶어요.
   (8) 내가 드라마의 주인공이라면 김수현과 같이 하고 싶어요.

3. (1) 차가 있다면 주말마다 여행을 가고 싶어요.
   (2) 키가 크다면 덩크슛을 할 거예요.
   (3) 회장님이라면 월급을 올려 줄 거예요.
   (4) 이사를 간다면 큰 집으로 갈 거예요.
   (5) CF를 찍는다면 라면 CF를 찍고 싶어요.

4. (1) 악기를 배운다면
   (2) 일주일이 있다면
   (3) 부모님이 한국에 오신다면
   (4) 하루만 동물이 된다면 / 하루 동안 동물이 된다면

16과 ~ 20과 복습

1. (1) 스펙을 (2) 능숙하게
   (3) 기부할 (4) 나았어요
   (5) 품절이 (6) 복지
   (7) 익숙하지 않아서 (8) 학위를 따면
   (9) 건의하라고 (10) 시간을 내서

2. (1) ③ (2) ① (3) ④
   (4) ① (5) ④

3. (1) 마시던 (2) 좋으면 좋을수록
   (3) 연습했는데도 불구하고 (4) 한국에 오지 않았다면
   (5) 아무리 바빠도

4. (1) 먹으면 먹을수록 / 들었는데도 불구하고
   (2) 하는데도 불구하고 / 운동을 해도
   (3) 먹던 / 먹어도

21과

1.
(1)	추운지 몰라요
(2)	신은지 몰라요
(3)	재미있는지 몰라요
(4)	먼지 몰라요
(5)	산지 몰라요
(6)	말하는지 몰라요

2. (1) 교실이 얼마나 더운지 몰라요.
   (2) 찌개가 얼마나 매운지 몰라요.
   (3) 영화가 얼마나 슬픈지 몰라요.
   (4) 노래를 부르면 얼마나 스트레스가 풀리는지 몰라요.
   (5) 회사 생활이 얼마나 힘든지 몰라요.
   (6) 요즘 얼마나 바쁜지 몰라요.
   (7) 차가 얼마나 밀리는지 몰라요.
   (8) 네. 머리가 얼마나 아픈지 몰라요.

3. (1) 올해 겨울은 얼마나 눈이 많이 왔는지 몰라요.
   (2) 콘서트 티켓을 예매하려고 얼마나 오래 기다렸는지 몰라요.
   (3) 집에 혼자 있는 강아지가 보고 싶어서 얼마나 서둘렀는지 몰라요.
   (4) 일 년 사이에 얼마나 물가가 올랐는지 몰라요.
   (5) 이 가게가 SNS에서 얼마나 유명한지 몰라요.

4. (1) 얼마나 보고 싶은지 몰라요
   (2) 엄마의 요리가 얼마나 먹고 싶었는지 몰라요
   (3) 사람이 얼마나 많은지 몰라요
   (4) 노래방에서 얼마나 소리를 질렀는지 몰라요

22과

1.
(1)	잤더니
(2)	예매했더니
(3)	노래를 불렀더니
(4)	들었더니
(5)	주문했더니
(6)	신었더니

2. (1) 늦게 잤더니 너무 피곤해요.
   (2) 친구와 싸웠더니 기분이 안 좋아요.
   (3) 약을 먹었더니 좀 나았어요.
   (4) 밥을 많이 먹었더니 배가 아파요.
   (5) 옷 가게에 갔더니 매진이었어요.
   (6) 점심을 늦게 먹었더니 배가 안 고파요.
   (7) 무거운 짐을 들었더니 허리가 아파요.
   (8) 대청소를 했더니 집이 깨끗해요.

3. (1) 매일 운동했더니 살이 빠졌어요.
   (2) 오랜만에 집에 갔더니 부모님이 반가워하셨어요.
   (3) 교실에 들어갔더니 아무도 없었어요.
   (4) 전화를 걸었더니 통화 중이었어요.
   (5) 핸드폰을 켰더니 메시지가 많이 와 있었어요.

4. (1) 급하게 먹었더니 (2) 들었더니
   (3) 못 만났더니 (4) 갔더니

23과

1.
(1)	매울까 봐
(2)	갈까 봐
(3)	부족할까 봐
(4)	만들까 봐
(5)	자를까 봐
(6)	들을까 봐

2. (1) 길이 막힐까 봐 지하철을 탔어요.
   (2) 심심할까 봐 소설책을 가져왔어요.
   (3) 발이 아플까 봐 오늘은 운동화를 신었어요.
   (4) 실수할까 봐 긴장이 돼요.
   (5) 늦잠을 잘까 봐 알람 시계를 많이 샀어요.
   (6) 휴대폰이 방전될까 봐 보조 배터리를 가지고 왔어요.
   (7) 추울까 봐 목도리를 가지고 왔어요.
   (8) 목이 마를까 봐 음료수를 많이 준비했어요.

3. (1) 버스에서 넘어질까 봐 손잡이를 꼭 잡아요.
   (2) 비밀번호를 잊어버릴까 봐 핸드폰에 입력해 놓았어요.
   (3) 다른 사람들이 시끄러울까 봐 작은 소리로 통화해요.
   (4) 음식이 매울까 봐 걱정이에요.
   (5) 엄마가 걱정하실까 봐 좋은 이야기만 해요.

4. (1) 추울까 봐
   (2) 카드를 못 쓸까 봐 / 카드를 사용하지 못할까 봐
   (3) 맛없을까 봐 / 맛이 없을까 봐
   (4) 안 맞을까 봐 / 작을까 봐 / 클까 봐

24과

1.
(1)	가도록
(2)	앉도록
(3)	듣도록
(4)	발표하도록
(5)	조용히 하도록
(6)	먹이지 않도록

2. (1) 네. 손을 데지 않도록 장갑을 끼세요.
   (2) 뒷사람까지 잘 들리도록 큰 소리로 이야기하세요.
   (3) 토픽 4급에 합격하도록 할 거예요./합격하도록 열심히 공부할 거예요.
   (4) 뒷사람까지 잘 보이도록 크게 써 주세요.
   (5) 시원해지도록 우유를 냉장고에 넣었어요.
   (6) 벌레에 물리지 않도록 긴 옷을 입어요.
   (7) 얼굴이 타지 않도록 선크림을 발라요.
   (8) 목이 아프지 않도록 따뜻한 물을 자주 마셔요.

3. (1) 편하게 운동할 수 있도록 거실 가구를 치웠어요.
   (2) 두 사람이 이야기를 하도록 다른 사람들은 밖으로 나갔어요.
   (3) 법을 잘 지키도록 모두 노력해야 해요.
   (4) 할머니가 앉으시도록 자리에서 일어났어요.
   (5) 요리하기 편하도록 재료를 미리 준비해 놓으세요.

4. (1) 깨지지 않도록 / 안 깨지도록
   (2) 늦지 않도록 / 늦잠을 자지 않도록
   (3) 마르도록
   (4) 감기에 걸리지 않도록 / 춥지 않도록

25과

1.
(1)	들어야
(2)	읽어야
(3)	가야
(4)	작아야
(5)	만들어야
(6)	쉬워야

2. (1) 발표가 끝나야 집에 갈 수 있어요.
   (2) 어른이 먼저 드셔야 먹을 수 있어요.
   (3) 주말이 되어야 만날 수 있어요.
   (4) 비행기표를 사야 고향에 갈 수 있어요.
   (5) 밥을 먹어야 약을 먹을 수 있어요.
   (6) 시험에 합격해야 대학에 입학할 수 있어요.
   (7) 운동을 해야 건강해져요.
   (8) 엘리베이터를 고쳐야 탈 수 있어요.

3. (1) 장학금을 받아야 학교에 다닐 수 있어요.
   (2) 일찍 일어나야 지각을 안 해요.
   (3) 도서관에 가야 집중할 수 있어요.
   (4) 먼저 숙제를 해야 마음이 편해요.
   (5) 학생증이 있어야 학생 할인을 받을 수 있어요.

4. (1) 일찍 가야 / 오전에 가야   (2) 통화해야
   (3) 벗어야   (4) 조용해야

21과 ~ 25과 복습

1. (1) 운영하는   (2) 상쾌한지
   (3) 뛰어오는   (4) 서두르지
   (5) 금방   (6) 미끄러우니까
   (7) 특별한   (8) 점점
   (9) 아담해서   (10) 성실한

2. (1) ③   (2) ④   (3) ①
   (4) ②   (5) ④

3. (1) 매운지 몰라요.   (2) 밤새도록
   (3) 마셨더니   (4) 세탁을 해야

4. (1) 마셔야 / 마셨더니
   (2) 고민했는지 몰라요 / 사용할 수 있도록
   (3) 좋았더니 / 못 갈까 봐(지각할까 봐)

26과

1.
(1)	가나 마나
(2)	먹으나 마나
(3)	연습하나 마나
(4)	들으나 마나
(5)	만드나 마나
(6)	지으나 마나

2. (1) 쉬나 마나 피곤해요.
   (2) 자나 마나 계속 졸릴 거예요.
   (3) 아니요. 먹으나 마나 아플 거예요.
   (4) 아니요. 확인하나 마나 합격일 거예요.
   (5) 아니요, 전화하나 마나 지금 못 받을 거예요. / 지금 받을 수 없어요.
   (6) 옷을 입으나 마나 추워요. / 날씨가 추워서 옷을 입으나 마나예요.
   (7) 먹어 보나 마나 맛있을 거예요.
   (8) 공부 하나 마나 시험을 못 볼 것 같아요.

3. (1) 지갑이 있으나 마나 돈이 없어요.
   (2) 사과를 하나 마나 소용이 없을 거예요.
   (3) 드럼을 배우나 마나 집에서 연습할 수가 없어요.
   (4) 롱 씨를 기다리나 마나 안 올 거예요.
   (5) 그 영화는 보나 마나 재미있을 거예요.

4. (1) 보나 마나 합격할 거예요   (2) 닦으나 마나
   (3) 배우나 마나 수영을 못 해요   (4) 이사를 하나 마나

27과

1.
(1)	갔던
(2)	먹었던
(3)	시원했던
(4)	학생이었던
(5)	넓었던
(6)	더웠던

2. (1) 중학생 때 좋아했던 음식은 떡볶이예요.
   (2) 한국에서 친구들과 처음 놀러갔던 곳은 한강공원이에요.
   (3) 처음 들었던 k-pop은 방탄소년단의 노래예요.
   (4) 우리 나라에서 처음 먹었던 한국 음식은 비빔밥이에요.
   (5) 처음 봤던 한국 드라마는 <이태원 클라스>예요.
   (6) 이 분은 처음 한국어를 가르쳐 주셨던 선생님이에요.
   (7) 일을 해서 번 돈으로 처음 샀던 것은 부모님 선물이에요.
   (8) 한국에서 두 번째로 여행 갔던 곳은 남이섬이에요.

3. (1) 먹어 본 음식 중 가장 매웠던 음식은 떡볶이예요.
   (2) 처음 사귀었던 여자 친구는 같은 반 친구였어요.
   (3) 한국에서 처음 살았던 곳은 기숙사였어요.
   (4) 유치원 때 읽었던 책을 지금도 가지고 있어요.
   (5) 작년 크리스마스는 가장 즐거웠던 기억이 있어요.

4. (1) 갔던   (2) 봤던
   (3) 사용했던
   (4) 해 주셨던 / 만들어 주셨던 / 요리해 주셨던

28과

1.
(1)	잘 맞을걸요
(2)	뜨거울걸요
(3)	생일일걸요
(4)	들을걸요
(5)	길걸요
(6)	재미있을걸요

2. (1) 주말에는 날씨가 추울걸요.
   (2) 저 사람은 아마 미국 사람일걸요.
   (3) 시험을 잘 봤을걸요.
   (4) 마크 씨는 지금 잘걸요.
   (5) 11시쯤 도착할걸요.
   (6) 식당에 자리가 없을걸요.
   (7) 콘서트 티켓을 살 수 없을걸요.
   (8) 월세가 비쌀걸요.

3. (1) 주말에 제주도에 가면 유채꽃을 볼 수 있을걸요.
   (2) EMS로 보내면 빨리 받을 수 있을걸요.
   (3) 두 사람이 자면 방이 좁을걸요.
   (4) 유진 씨가 선물을 받으면 좋아할걸요.
   (5) 마이클 씨는 수업이 끝나면 PC방에 있을걸요.

4. (1) 한국에 있을걸요 / 고향에 안 갈걸요
   (2) 도서관에 갔을걸요
   (3) 잘할걸요   (4) 알걸요

29과

1.
(1)	먹었다고요?
(2)	잔다고요?
(3)	뜨겁다고요?
(4)	동생이라고요?
(5)	멀다고요?
(6)	공부한다고요?

2. (1) 생일이라고요?
   (2) 지금 밖에 눈이 내린다고요?
   (3) 택배가 도착했다고요?
   (4) 토니 씨가 이번 인턴 시험에 합격했다고요?
   (5) 국물이 많이 뜨겁다고요?
   (6) 티켓이 없다고요?
   (7) 남자 친구라고요?
   (8) 벌써 밥을 먹었다고요?

3. (1) 감기가 심해서 병원에 다니고 있다고요?
   (2) 아침마다 1시간씩 동네를 걷는다고요?
   (3) 이사를 가면 고양이를 키울 거라고요?
   (4) 떡볶이가 많이 맵다고요?
   (5) 한국 물가가 많이 올랐다고요?

4. (1) 마이클 씨가 장학금을 받는다고요
   (2) 이사를 할 거라고요
   (3) 설악산에 간다고요
   (4) 예약을 했다고요

30과

1.
(1)	수업이 끝난 모양이다
(2)	추운 모양이다
(3)	식사 중인 모양이다
(4)	힘든 모양이다
(5)	작은 모양이다
(6)	짠 모양이다

2. (1) 사람들이 우산을 쓴 걸 보니 비가 오는 모양이에요.
   (2) 전화기가 꺼져 있는 걸 보니 영화를 보는 모양이에요.
   (3) 링링 씨가 병원에 가는 걸 보니 아픈 모양이에요.
   (4) 오늘은 축구를 한 걸 보니 다 나은 모양이에요.
   (5) 주말에 백화점에 가는 걸 보니 월급을 받은 모양이에요.
   (6) 일찍 자는 걸 보니 많이 피곤한 모양이에요.
   (7) 야식을 안 먹는 걸 보니 다이어트를 시작한 모양이에요.
   (8) 토요일에도 출근하는 걸 보니 일이 많은 모양이에요.

3. (1) 앞자리에 앉은 걸 보니 수업 준비를 많이 한 모양이에요.
   (2) 전화를 안 받는 걸 보니 회의 중인 모양이에요.
   (3) 집에 빨리 가는 걸 보니 택배가 온 모양이에요.
   (4) 커피를 마시는 걸 보니 졸린 모양이에요.
   (5) 오자마자 냉장고를 여는 걸 보니 배가 고픈 모양이에요.

4. (1) 비행기표를 검색하는 것을 보니 집에 가는 모양이에요
   (2) 한 노래만 듣는 걸 보니 정말 좋아하는 모양이에요

   (3) 파티를 하는 걸 보니 시험에 합격한 모양이에요
   (4) 라떼를 마시는 걸 보니 밥을 안 먹은 모양이에요

26과 ~ 30과 복습

1. (1) 거리를 두고   (2) 연애할
   (3) 이직하는   (4) 따로
   (5) 적응하는 것이   (6) 별로
   (7) 관련된   (8) 추가
   (9) 지루해서   (10) 최대한

2. (1) ④   (2) ①   (3) ③
   (4) ②   (5) ①

3. (1) 보나 마나   (2) 해결된 모양이에요.
   (3) 들었던   (4) 연기되었을걸요
   (5) 없다고요

4. (1) 맞을걸요. / 맞을거라고요?
   (2) 있을걸요 / 보나 마나
   (3) 연애하는 모양이에요

31과

1.
(1)	사귀었어야 했는데
(2)	청소했어야 했는데
(3)	들었어야 했는데
(4)	갔어야 했는데
(5)	일찍 일어났어야 했는데
(6)	서둘렀어야 했는데

2. (1) 미리 샀어야 했는데 안 샀어요.
   (2) 좀 더 조심했어야 했는데.
   (3) 알람을 끄지 말았어야 했는데.
   (4) 일찍 예매했어야 했는데.
   (5) 확인했어야 했는데.
   (6) 미리 했어야 했는데.
   (7) 안내 방송을 잘 들었어야 했는데.
   (8) 에어컨을 끄고 잤어야 했는데.

3. (1) 연락했어야 했는데 못 해서 미안해요.
   (2) 난방을 껐어야 했는데 아침에 바빠서 깜박했어요.
   (3) 화를 내지 말았어야 했는데 참지 못했어요.
   (4) 그때 말을 했어야 했는데 당황해서 아무 말도 못 했어요.
   (5) 매일 운동했어야 했는데 운동을 안 해서 건강이 나빠졌어요.

APPENDIX

4. (1) 참았어야 했는데
   (2) 일찍 잤어야 했는데
   (3) 확인했어야 했는데
   (4) 안 먹었어야 했는데 / 참았어야 했는데

32과

1.
(1)	듣고 보니까
(2)	말하고 보니까
(3)	알고 보니까
(4)	사고 보니까
(5)	생각하고 보니까
(6)	제출하고 보니까

2. (1) 사용하고 보니까 좋아요.
   (2) 염색하고 보니까 마음에 들어요.
   (3) 유학을 오고 보니까 잘 온 것 같아요.
   (4) 환승하고 보니까 반대로 탔어요.
   (5) 사진을 찍고 보니까 이상했어요.
   (6) 마시고 보니까 커피가 아니었어요.
   (7) 이야기하고 보니까 제가 오해를 했더라고요.
   (8) 버스를 타고 보니까 잘못 탔어요.

3. (1) 신발을 신고 보니까 친구의 신발이었어요.
   (2) 신청서를 제출하고 보니까 서류를 잘못 내서 다시 제출했어요.
   (3) 친구의 말을 듣고 보니까 친구의 마음이 이해가 됐어요.
   (4) 약을 사고 보니까 집에 약이 있었어요.
   (5) 지하철을 타고 보니까 핸드폰을 놓고 온 것을 알았어요.

4. (1) 뜯고/열고 보니까
   (2) 친구들의 얘기를 듣고 보니까
   (3) 얘기하고 보니까 / 전화하고 보니까
   (4) 주문하고 보니까 / 전화를 끊고 보니까

33과

1.
(1)	마음에 들지 않으면 안 된다
(2)	일찍 오지 않으면 안 된다
(3)	먹지 않으면 안 된다
(4)	확인하지 않으면 안 된다
(5)	똑같지 않으면 안 된다
(6)	붙이지 않으면 안 된다

2. (1) 예매하지 않으면 안 돼요.
   (2) 열심히 공부하지 않으면 안 돼요. / 시험 준비를 많이 하지 않으면 안 돼요.
   (3) 매일 연습하지 않으면 안 돼요.
   (4) 방이 어둡지 않으면 안 돼요.
   (5) 잠을 잘 자지 않으면 안 돼요. / 음식을 골고루 먹지 않으면 안 돼요.
   (6) 운동하지 않으면 안 돼요.
   (7) 운전면허증을 따지 않으면 안 돼요.
   (8) 먼저 사과하지 않으면 안 돼요.

3. (1) 비자 받기 전에 여권을 만들지 않으면 안 돼요.
   (2) 집에서 나올 때 다시 한 번 확인하지 않으면 안 돼요.
   (3) 차를 탈 때 벨트를 매지 않으면 안 돼요.
   (4) 친구들을 집에 초대하려면 미리 집을 청소하지 않으면 안 돼요.
   (5) 쇼핑몰에서 물건을 사려면 회원 가입을 하지 않으면 안 돼요.

4. (1) 내지 않으면 안 돼요 / 받지 않으면 안 돼요
   (2) 예매하지 않으면 안 돼요
   (3) 커피를 마시지 않으면 안 돼요
   (4) 매일 연습하지 않으면 안 돼요

34과

1.
(1)	먹을 만하다
(2)	살 만하다
(3)	들을 만하다
(4)	만들 만하다
(5)	살 만하다
(6)	여행할 만하다

2. (1) 먹을 만해요.   (2) 살 만해요.
   (3) 배울 만해요.
   (4) 방탄소년단의 음악이 들을 만해요.
   (5) 학교 앞 공원이 갈 만해요.
   (6) 비빔밥이 먹을 만해요.
   (7) 이 책은 읽을 만해요.
   (8) 제가 만든 음식은 먹을 만해요..

3. (1) 스키는 처음인데 탈 만해요.
   (2) 학생식당은 먹을 만해요.
   (3) 식혜는 마실 만해요.
   (4) 남이섬은 갈 만해요.
   (5) 동생이 좋아할 만해요.

4. (1) 살 만해요 / 지낼 만해요 / 생활할 만해요
   (2) 갈 만해요 / 다녀올 만해요
   (3) 볼 만해요
   (4) 할 만해요 / 만들 만해요

35과

1.
(1)	자기는커녕
(2)	먹기는커녕
(3)	팔기는커녕
(4)	맵기는커녕
(5)	재미있기는커녕
(6)	조용하기는커녕

2. (1) 어렵기는커녕 정말 쉬워요.
   (2) 짜기는커녕 조금 싱거워요.
   (3) 눈이 오기는커녕 맑아요.
   (4) 기다리기는커녕 바로 탔어요.
   (5) 점심을 먹기는커녕 아침도 굶었어요.
   (6) 만나기는커녕 한 시간 동안 기다렸어요.
   (7) 편하기는커녕 사용법이 어려워요.
   (8) 크기는커녕 작아요.

3. (1) 음식 양이 많기는커녕 조금 부족해요.
   (2) 어제 날씨가 덥기는커녕 조금 추웠어요.
   (3) 커피를 마시기는커녕 카페에 가지도 못했어요.
   (4) 남자/여자 친구를 사귀기는커녕 소개팅도 못 했어요.
   (5) 주말에 쉬기는커녕 집안일로 바빴어요.

4. (1) 여행을 가기는커녕
   (2) 데이트를 잘 하기는커녕 / 데이트를 하기는커녕
   (3) 단풍 구경을 하기는커녕
   (4) 먹기는커녕 / 닭갈비를 먹기는커녕

31과 ~ 35과 복습

1. (1) 중간에 끊고 (2) 급속 충전을
   (3) 폭발해서 (4) 다행인
   (5) 밤낮없이 (6) 대출을
   (7) 모르는 척하고 (8) 바가지를 씌우는
   (9) 추천한, 추천해 준 (10) 자세를 바로 하는

2. (1) ① (2) ② (3) ①
   (4) ③ (5) ④

3. (1) 먹을 만해요 (2) 재미있기는커녕
   (3) 했어야 했는데 (4) 끊지 않으면 안 돼요
   (5) 듣고 보니까

4. (1) 가기는커녕 / 예매했어야 했는데
   (2) 굶지 않으면 안 돼요 / 먹기는커녕
   (3) 시작하고 보니 / 확인하지 않으면 안 됐어요

36과

1.
(1)	쓰기
(2)	말하기
(3)	사기
(4)	배우기
(5)	기다리기
(6)	걷기

2. (1) 읽기가 조금 쉬워요.
   (2) 토픽 4급 따기예요.
   (3) 저녁에 운동하기예요.
   (4) 영화 보기를 좋아해요.
   (5) 운동하기를 싫어해요.
   (6) 설거지하기를 잘해요.
   (7) 화장실 청소하기가 어려워요.
   (8) 쓰기가 어려워요.

3. (1) 네, 하지만 매일 화장하기가 귀찮아요.
   (2) 아침마다 운동장에서 달리기를 해요.
   (3) 요리하기를 좋아해요.
   (4) 매일 일기 쓰기를 해요.
   (5) 그림 그리기를 시작했어요.

4. (1) 쓰레기 버리기요 / 빨래하고 개기요
   화장실 청소하기 / 설거지하기 / 쓰레기 버리기 / 빨래하고 개기
   (2) 일기 쓰기요.
   (3) 장학금 받기 / 매일 전화 통화하기예요.
   (4) 차 마시기

37과

1.
(1)	외국 사람이라고 해서 다 김치를 못 먹는 것은 아니에요.
(2)	뚱뚱하다고 해서 다 운동을 못하는 것은 아니에요.
(3)	운전면허증이 있다고 해서 다 차가 있는 것은 아니에요.
(4)	싸다고 해서 다 품질이 나쁜 것은 아니에요.
(5)	많이 먹는다고 해서 다 살이 찌는 것은 아니에요.

2. (1) 남자라고 해서 모두 게임을 좋아하는 것은 아니에요.
   (2) 키가 작다고 해서 다 농구를 못하는 것은 아니에요.
   (3) 커피를 마신다고 해서 다 잠을 못 자는 것은 아니에요.
   (4) 케이크라고 해서 모두 단 것은 아니에요.

3. (1) 운동선수라고 해서 모든 운동을 잘하는 것은 아니에요.
   (2) SNS에서 유명한 집이라고 해서 모두 음식이 맛있는 것은 아니에요.

(3) 기타를 배운다고 해서 다 기타리스트가 되는 것은 아니에요.
(4) 유행하는 옷을 입는다고 해서 다 잘 어울리는 것은 아니에요.
(5) 날씨가 춥다고 해서 다 등산을 안 하는 것은 아니에요.

4. (1) 한국 사람이라고 해서 모두 아침에 밥을 먹는 것은 아니에요.
(2) 일본 사람이라고 해서 모두 초밥을 좋아하는 것은 아니에요.
(3) 바다에 간다고 해서 모두 수영을 하는 것은 아니에요.
(4) 물리학을 전공한다고 해서 모두 과학자가 되는 것은 아니에요.

38과

1.
(1)	바쁜 척하다
(2)	자는 척하다
(3)	일하는 척하다
(4)	학생인 척하다
(5)	추운 척하다
(6)	재미있는 척하다

2. (1) 못 들은 척해요. / 바쁜 척하고 나가요.
(2) 아픈 척해요. / 약속이 있는 척해요.
(3) 재미있는 척해요.
(4) 돈이 없는 척해요.
(5) 마음에 드는 척해요.
(6) 약속이 있는 척해요.
(7) 못 들은 척해요. / 돈이 없는 척해요.

3. (1) 모르는 사람이 자꾸 벨을 눌러서 집에 아무도 없는 척했어요.
(2) 길에서 다른 사람의 질문을 받기 싫어서 이어폰을 끼고 음악을 듣는 척했어요.
(3) 고등학교 때 체육을 하기 싫어서 배가 아픈 척했어요.
(4) 중학교 때 시험을 못 봐서 부모님께 성적표를 안 받은 척했어요.
(5) 먹기 싫어서 배부른 척했어요.

4. (1) 다친 척했어요 / 아픈 척했어요 / 못하는 척했어요
(2) 좋아하는 척했어요
(3) 전화기가 고장난 척했어요 / 전화가 고장난 척했어요
(4) 다 나은 척했어요 / 먹는 척하면서

39과

1.
(1)	먹다 보면
(2)	듣다 보면
(3)	말하다 보면
(4)	정리하다 보면
(5)	입다 보면
(6)	신다 보면

2. (1) 몇 번 신다 보면 익숙해질 거예요. / 익숙해져요.
(2) 먹다 보면 힘들지 않을 거예요. / 힘들지 않아요.
(3) 살다 보면 적응할 거예요.
(4) 계속 연습하다 보면 잘 할 수 있을 거예요.
(5) 자주 듣다 보면 클래식의 매력을 알게 될 거예요.
(6) 걷기를 매일 하다 보면 건강해질 거예요.
(7) 많이 찍다 보면 잘 찍게 될 거예요.

3. (1) 매일 탄산음료를 마시다 보면 건강이 나빠질 거예요.
(2) 매일 웃다 보면 표정이 달라질 거예요.
(3) 하루에 30분씩 운동하다 보면 건강해질 거예요.
(4) 랩을 따라하다 보면 가사를 외우게 될 거예요.
(5) 매일 일기를 쓰다 보면 쓰기 실력이 늘 거예요.

4. (1) 마시다 보면   (2) 미루다 보면
(3) 낮잠을 자다 보면   (4) 보다 보면

40과

1.
(1)	배가 아플 정도로 많이 먹었어요.
(2)	못 걸을 정도로 눈이 많이 와요.
(3)	안 들릴 정도로 소리가 작아요.
(4)	너무 기뻐서 눈물이 날 정도예요.
(5)	너무 매워서 입이 아플 정도예요.
(6)	비가 너무 많이 와서 우산이 필요 없을 정도예요.

2. (1) 손이 얼 정도로 많이 추워요. / 너무 추워서 손이 얼 정도예요.
(2) 물을 세 컵이나 마실 정도로 짜요. / 짜서 물을 세 컵이나 마실 정도예요.
(3) 잠을 못 잘 정도로 무서워요. / 무서워서 잠을 못 잘 정도예요.
(4) 입에 침이 고일 정도로 시어요. / 시어서 입에 침이 고일 정도예요.
(5) 대사를 다 외울 정도로 좋아해요. / 너무 좋아해서 대사를 다 외울 정도예요.
(6) 배가 아플 정도로 웃었어요. / 너무 웃어서 배가 아플 정도예요.
(7) 하품이 나올 정도로 재미없었어요. / 너무 재미없어서 하품이 나올 정도였어요.
(8) 하루에 세 번 샤워할 정도로 더웠어요. / 너무 더워서 하루에 세 번 샤워할 정도였어요.

3. (1) 걷지 못할 정도로 다리가 아파요.
(2) 귀가 아플 정도로 잔소리를 많이 해요.
(3) 숟가락도 들지 못할 정도로 힘이 없어요.
(4) 불쾌할 정도로 화가 났어요.
(5) 재시험을 봐야할 정도로 시험을 못 봤어요.

4. (1) 못 참을 정도로 (2) 옷이 젖을 정도로
   (3) 잠을 못 잘 정도예요 (4) 꿈에 나올 정도였어요

36과 ~ 40과 복습

1. (1) 눈코 뜰 새 없어요 / 눈코 뜰 새 없이 바빠요
   (2) 향수병 (3) 선명하게
   (4) 버킷리스트를 (5) 당장
   (6) 화소 (7) 분리되었다
   (8) 잔소리 (9) 어색한
   (10) 넓히는

2. (1) ① (2) ③ (3) ①
   (4) ② (5) ③

3. (1) 외국인, 못 먹는 (2) 듣다 보면 (3) 알 정도로
   (4) 세수하기가 (5) 있는 척했어요

4. (1) 가기 / 맛집 찾아가기 / 타기 / 힘들 정도로
   (2) 베트남 사람 / 잘 먹는 것은 아니에요 / 먹을 정도예요
   (3) 안 본 척했어요 / 하다 보면

41과

1.
(1)	살 수밖에 없다
(2)	들을 수밖에 없다
(3)	입을 수밖에 없다
(4)	사고가 날 수밖에 없다
(5)	클 수밖에 없다
(6)	많을 수밖에 없다

2. (1) 여자 친구에게 연락이 왔어요. 너무 좋아서 소리를 지를 수밖에 없었어요.
   (2) 시험에 합격했어요. 너무 기뻐서 울 수밖에 없었어요.
   (3) 할 일을 안 하니까 잔소리를 할 수밖에 없어요.
   (4) 다리를 다쳐서 쉴 수밖에 없어요.
   (5) 돈이 없어서 아르바이트를 할 수밖에 없어요.
   (6) 집에 음식이 많아서 먹을 수밖에 없어요.
   (7) 일이 많아서 야근할 수밖에 없어요.
   (8) 안 산 물건이 있어서 갈 수밖에 없어요.

3. (1) 이가 너무 아파서 약을 먹을 수밖에 없어요.
   (2) 룸메이트가 일찍 일어나서 저도 일찍 일어날 수밖에 없어요.
   (3) 음악이 너무 신나서 춤을 출 수밖에 없었어요.
   (4) 물건이 높은 곳에 있어서 도움을 요청할 수밖에 없었어요.
   (5) 방이 너무 작아서 이사갈 수밖에 없었어요.

4. (1) 지각할 수밖에 없었어요. (2) 지원할 수밖에 없어요.
   (3) 살 수밖에 없어요. (4) 참을 수밖에 없어요.

42과

1.
(1)	일찍 출발하는 바람에
(2)	쉬는 바람에
(3)	늦잠을 자는 바람에
(4)	숙제를 안 하는 바람에
(5)	우는 바람에
(6)	전화하는 바람에

2. (1) 급하게 먹는 바람에 배탈이 났어요.
   (2) 일찍 자는 바람에 전화를 못 받았어요.
   (3) 밤새 드라마를 보는 바람에 숙제를 못 했어요.
   (4) 길에서 넘어지는 바람에 바지가 찢어졌어요.
   (5) 늦잠을 자는 바람에 지하철을 놓쳤어요.
   (6) 갑자기 일이 생기는 바람에 모임에 못 갔어요.
   (7) 야근하는 바람에 기분이 안 좋아요.
   (8) 전화가 오는 바람에 아이가 깼어요.

3. (1) 급하게 일어나는 바람에 커피를 쏟았어요.
   (2) 메모를 안 하는 바람에 약속을 잊어버렸어요.
   (3) 큰 소리로 노래를 부르는 바람에 목이 쉬었어요.
   (4) 공지 사항을 안 보는 바람에 휴강한 것을 몰랐어요.
   (5) 신분증을 안 가져오는 바람에 은행에 못 갔어요.

4. (1) 예약을 안 하는 바람에 (2) 이야기하는 바람에
   (3) 잊어버리는 바람에 (4) 켜 놓고 자는 바람에

43과

1.
(1)	맵기 마련이다
(2)	가기 마련이다
(3)	힘들기 마련이다
(4)	실수하기 마련이다
(5)	울기 마련이다
(6)	편하기 마련이다

2. (1) 어릴 때는 말을 안 듣기 마련이에요.
   (2) 처음 하는 일은 어렵기 마련이에요.
   (3) 쉽게 얻은 것은 쉽게 잃기 마련이에요.
   (4) 성실한 사람은 성공하기 마련이에요.
   (5) 자기 전에 물을 많이 마시면 자다가 화장실에 자주 가기 마련이에요.
   (6) 매일 야식을 먹으면 살이 찌기 마련이에요.

(7) 매일 한국 뉴스를 들으면 한국어가 잘 들리기 마련이에요.
(8) 슬픈 영화를 보면 눈물이 나기 마련이에요.

3. (1) 주변이 시끄러우면 집중하기 힘들기 마련이에요.
(2) 부모님은 항상 자식 걱정을 하기 마련이에요.
(3) 찬 음식을 먹으면 배탈이 나기 마련이에요.
(4) 어릴 때는 노는 것을 좋아하기 마련이에요.
(5) 신입 사원은 실수하기 마련이에요.

4. (1) 몸이 멀어지면 마음도 멀어지기 마련이에요.
(2) 신입 사원은 바쁘기 마련이에요.
(3) 외국 생활이 오래되면 지치기 마련이에요.
(4) 첫 데이트에는 설레기 마련이에요.

44과

1.
(1)	날씨가 추울게 뻔하다
(2)	바람이 많이 불 게 뻔하다
(3)	몸이 안 좋을 게 뻔하다
(4)	그 사람이 나를 싫어할 게 뻔하다
(5)	시험이 어려울 게 뻔하다
(6)	남자 친구일 게 뻔하다

2. (1) 파티를 할 게 뻔해요.
(2) 준비를 잘 했을 게 뻔해요.
(3) 축구를 할 게 뻔해요.
(4) 아직도 잘 게 뻔해요.
(5) 충전을 안 했을 게 뻔해요.
(6) 여행을 갔을 게 뻔해요.
(7) 모임에 안 나올 게 뻔해요.
(8) 놀러갔을 게 뻔해요.

3. (1) 첫 발표니까 많이 긴장할 게 뻔해요.
(2) 비행기표를 예매하는 것을 보니까 여행을 갈 게 뻔해요.
(3) 좋아하는 케이크도 안 먹는 걸 보니까 다이어트를 할 게 뻔해요.
(4) 영화 평을 보니까 영화가 재미있을 게 뻔해요.
(5) 인사를 하는 것을 보니까 저 분이 선생님일 게 뻔해요.

4. (1) 부족할 / 모자랄   (2) 학생일 게 뻔해요.
(3) 집을 잃어버린 게 뻔해요.   (4) 맛있을 게 뻔해요.

45과

1.
(1)	식당을 예약하는 대로
(2)	부모님 말씀대로
(3)	이사하는 대로
(4)	휴대 전화를 고치는 대로
(5)	설명서대로

2. (1) 회사에 도착하는 대로 보낼게요.
(2) 네, 설명서대로 만들면 돼요.
(3) 선생님이 하는 대로 따라면 돼요.
(4) 1번부터 순서대로 발표할 거예요.
(5) 마음대로 그리세요.
(6) 예상한 대로 나왔어요.

3. (1) 시험에 합격하는 대로 고향에 갈 거예요.
(2) 기타를 사는 대로 기타 학원에 등록할 거예요.
(3) 취직하는 대로 적금을 들 거예요.
(4) 엄마가 만드는 대로 따라서 만들었어요.
(5) 약속대로 내가 야근할게.

4. (1) 가수가 추는 대로
(2) 설명대로
(3) 나오는 대로 / 뜨는 대로
(4) 계획하는 대로 / 생각하는 대로

41과 ~ 45과 복습

1. (1) 혹시 모르니까   (2) 마음이 쓰여서
(3) 의미한다, 의미해요   (4) 설레어서
(5) 여자 끼리   (6) 포기했지만
(7) 개혁하자는 / 개혁해야 한다는   (8) 찢어졌어요
(9) 예민해져서   (10) 빼앗던

2. (1) ③   (2) ②   (3) ①
(4) ④   (5) ③

3. (1) 할 게 뻔해요
(2) 말씀대로
(3) 막히기 마련이에요
(4) 잃어버리는 바람에 / 분실하는 바람에
(5) 늦을

4. (1) 먹고 자는 바람에 / 먹을 수밖에 없었어요
(2) 설명대로 / 맛있을 게 뻔해요 / 맛있을 수밖에 없어요
(3) 끝나는 바람에 / 많기 마련이에요

워크북

발 행 일	초판 1쇄 2025년 10월 29일
발 행 처	㈜도서출판 참
발 행 인	오세형
편 저	TOPIK KOREA
집 필 진	이영은 (문화학 박사)
	김지용 (한국어교육학 박사)
디 자 인	보스코
일러스트	펜끗
주 소	서울특별시 구로구 디지털로271 702호
전 화	02-6347-5071
팩 스	02-6347-5075
홈페이지	http://www.chambooks.kr
등록번호	제2510-2022-000090호

Copyright 2024 ⓒ ㈜도서출판 참

* 이 책은 저작권 법에 의해 보호를 받는 저작물입니다.
* 서면에 의한 허락 없이 내용의 일부 또는 전체를 인용하거나 발췌하는 것을 금합니다.
   All rights reserved.
   No part of this book may be reproduced, without the written permission from the publisher.